Karolina Marques Pereira

Breifrei

von Anfang an

Beikost neu entdecken

Mit vielen Rezept- und Snackideen
für die ganze Familie

tologo verlag

Wichtiger Hinweis für den Leser und die Leserin

Der Leser wird darauf hingewiesen, dass die Ideen und Anregungen zur breifreien Ernährung auf eigenen Erkenntnissen beruhen, die sich in der Umsetzung als praxistauglich erwiesen und bewährt haben. Weder die Autorin noch der Verlag übernehmen die Verantwortung für das Handeln und die Entscheidungen der Leser. Eine Haftung wird hiermit ausgeschlossen.

Karolina Marques Pereira, 1980 geboren, ist Grundschullehrerin und Mutter einer kleinen Tochter. Diese hat sie von Beginn der Beikostzeit an am täglichen Familienessen teilnehmen lassen. Aus dem Wunsch, viele Eltern auf dem wunderbaren Weg der breifreien Beikost zu begleiten, entwickelte sich die Idee für das Buch.

Bibliographische Informationen der Deutschen Nationalbibliothek: Die Deutsche Nationalbibliothek verzeichnet diese Publikation in der Deutschen Nationalbibliographie. Detaillierte bibliographische Informationen sind im Internet über http://dnb.d-nb.de abrufbar.

Hintergrund im Bilderteil: Coloures-pic – fotolia.com

1. Auflage 2014

ISBN: 978-3-940596-98-7 (Print)
ISBN: 978-3-940596-99-4 (EPUB)
ISBN: 978-3-940596-24-6 (Mobipocket)

www.tologo.de

Inhalt

Rezepte 65

Gemüse, Gemüse, Gemüse ... 85

Nudeln ... 96

Pesto ... 104

Risotto ... 105

Fleisch ... 108

Abkürzungen und Symbole

*	vegetarisches Gericht
**	veganes Gericht
EL	Esslöffel
TL	Teelöffel
TK	Tiefkühl…

Prolog

Der Beikoststart ist für viele Eltern ein besonderer Moment und ein neuer Abschnitt im Leben des Babys. Den meisten Menschen ist nur das Zufüttern von Brei mit einem Löffel bekannt. Das war auch meine Vorstellung, nachdem ich viele Bücher, Broschüren und Empfehlungen der Babykosthersteller durchforstet hatte.

Abgesehen davon, dass einige Kinder sich nicht gerne mit Brei füttern lassen, ist Essen noch viel mehr als die Reduzierung auf die reine Nahrungsaufnahme. Es ist etwas Geselliges mit zahlreichen sozialen Elementen, etwas Genussvolles, dem Raum geschenkt werden sollte, um mit Freude neue Geschmackserlebnisse erfahren zu dürfen. Mir widerstrebte daher der Gedanke, unserem Kind isoliert von der Familie ähnlich schmeckende Breie in den Mund zu schieben. Ich stieß auf das Konzept der breifreien Ernährung, das seinen Ursprung in unserer Vergangenheit hat und von der Britin Gill Rapley wieder in Erinnerung gerufen wurde. Das Prinzip der breifreien Ernährung bedeutet kurz gesagt, das Baby am Familienessen teilhaben zu lassen, ohne ihm speziell angefertigte Mahlzeiten mit einem Löffel zu geben. Es entdeckt Lebensmittel in unpürierter Form und lernt vielfältige Geschmacksrichtungen und unterschiedliche Konsistenten aus eigener Motivation heraus und in seinem Tempo kennen.

Die Vorstellung, unserem Kind die Entscheidung zu überlassen, wann und wie viel es vom Tisch mitessen möchte, gefiel mir daher auf Anhieb. Es war gleich klar: Dies würde der geeignete Weg für uns sein. Da ich auch nach Bedarf gestillt habe und es keinen bestimmten »Fahrplan« für Stillmahlzeiten gab, erschien mir Breifrei als ideale Fortsetzung; kein aufwendiges Vorbereiten von Breispeisen und kein wildes Löffel-Balancierspiel vor dem Gesicht des Babys. Bei jeder Mahlzeit konnte sich jeder entspannt seinem Essen widmen. Sogar das Essen in einem Restaurant funktionierte prima, ohne dabei den halben Haushalt für das Baby mitschleppen zu müssen.

Es stellt sich eine einzige Frage: Was kann ich kochen, was sich nicht nur auf Brokkoliröschen und Karottensticks beschränkt, gut zu greifen ist und der gesamten Familie schmeckt? Um diese Frage zufriedenstellend zu beantworten, habe ich verschiedene Rezeptbücher gewälzt, ausprobiert und Rezepte neu arrangiert. Selbstverständlich sind auch Gerichte für Familien dabei, die sich vegan oder vegetarisch ernähren.

Viel Spaß auf der abenteuerlichen Reise durch die Beikost!

Karolina Marques Pereira

Die Grundlagen der breifreien Ernährung

Die breifreie Ernährung bekam durch die britische Hebamme Gill Rapley den Namen »Baby-Led Weaning«, was übersetzt so viel wie »Baby gesteuertes Zufüttern« oder »Selbstbestimmtes Abstillen« bedeutet. Es ist nichts Neues, sondern nur über die Jahre ein, durch enorme Werbemaßnahmen der Babybreihersteller, in Vergessenheit geratenes Konzept. Was denken Sie, wie die Beikost bei unseren Vorfahren aussah, bevor Breigläschen und bestimmte Ernährungspläne den Beikoststart dirigierten? Speisen, die alle Familienmitglieder aßen, wurden auch an die Kleinsten gegeben. Es wurde kein strikter Ernährungsplan befolgt, denn diesen gab es schlichtweg noch nicht. Es wurde gegessen, was in der Jahreszeit auf den Feldern wuchs.

Wer sich den Beikoststart in anderen Ländern anschaut, erkennt schnell, wie unterschiedlich das Thema behandelt wird. In Frankreich beispielsweise bekommen die Kleinen Artischocken, grünes Gemüse und Fisch serviert. In Italien stehen Pasta und exotische Früchte auf dem Speiseplan, und in Indien essen die Kleinen Reis mit Joghurt, Linsen oder Kichererbsen. China handhabt den Beikoststart nach wie vor nach dem breifreien Konzept und ihre Kleinsten erhalten all das, was auf dem Familientisch landet, hauptsächlich Reis und Fisch. Wer genau bestimmt dann hier, dass Karotten, Pastinaken oder Kürbis ein gutes Einstiegsgemüse sind?

Heutzutage finden sich unzählige Ernährungsratgeber und Empfehlungen von Babykostherstellern. Bei der Masse an unterschiedlichen Informationen, welcher Brei in welcher Zusammensetzung am besten zu welcher

Das Kind benutzt anfangs Hände und Finger, um Lebensmittel zu erforschen.

Tageszeit zugefüttert werden soll, haben es Eltern nicht leicht sich zu entscheiden. Dabei ist es gar nicht so kompliziert wie in Ratgebern gerne dargestellt wird. Am Ende fühlen sich viele Eltern verunsichert und greifen vor lauter Unsicherheit doch zum Gläschen.

Dabei ist das Prinzip der breifreien Ernährung sehr simpel: Dem Kind wird zum Beikoststart eine Vielfalt von gesunden Lebensmitteln, die es bei einer Mahlzeit gibt, in unpürierter Form angeboten, welche es selbstbestimmt zu sich nehmen kann. In den Anfängen benutzt es seine Hände und

Finger, um alle Lebensmittel zu erforschen und zu kosten. Lernlöffel und das Einkochen von Brei sind mit diesem Konzept passé.

Anders als bei konventioneller Beikosteinführung entscheidet das Kind den Beginn, indem es offensichtliches Interesse an allem zeigt, was auf den Familientisch kommt. Meistens passiert das um den 6. Monat herum. Dabei handelt es sich zugleich um das von der WHO (World Health Organization) empfohlene Beikostalter. Es gibt keinen bestimmten »Fahrplan«, wann welche Kost in welcher Menge und Dauer angeboten wird. Das Kind darf alles ausprobieren, was es in die Finger bekommt und füttert sich damit selbst. Es ist somit das Gegenteil einer planmäßig gesteuerten Breikost.

Als Elternteil stellt sich einem durchaus die Frage, ob ein Kind im Alter von 6 Monaten überhaupt fähig ist, die richtige Nahrung zu wählen und sich selbst zu füttern. Motorisch gesehen sind Babys, wenn sie gesund und um den errechneten Geburtstermin geboren sind, soweit in der Lage, dass sie ab dem 6. Monat mit etwas Hilfe auf dem Schoß oder bereits für kurze Zeiträume in einem Hochstuhl sitzen können. Die Greiftechnik, die ein Kind in diesem Alter hat, ist noch sehr grobmotorisch und ähnelt mehr einem Bagger, aber gröbere Lebensmittel können mit der ganzen Hand aufgegriffen und zum Mund geführt werden. Das Kind entscheidet am Anfang mehr aus einer durch Entdeckungslust getriebenen Neugierde, welche Lebensmittel es aus einem Angebot des Familienessens auswählt, erforscht und eventuell isst. Es kann durchaus passieren, dass über Wochen ein bestimmtes Gemüse täglich bevorzugt gewählt wird und andere zunächst abgelehnt werden. Gründe dafür können in der Beschaffenheit und Konsistenz bestimmter Lebensmittel liegen, die leichter zu greifen sind oder sich im Mund besonders spannend anfühlen. Interessant war zu beobachten, dass unsere Tochter gerade um den 8. Monat vermehrt grünes Gemüse wie Brokkoli, Spinat und Erbsen favorisierte, die eisenreich sind und die wenige Monate später vom Teller sortiert und durch Getreidesorten und rotes Gemüse ersetzt wurden. Genau wie Erwachsene verspüren Babys in ihren verschiedenen Entwicklungsphasen einen wechselnden Appetit auf unterschiedliche Lebensmittel. Eltern müssen ihnen letztlich nur die Möglichkeit geben, diesen Appetit zu stillen.

Bewusster Essen

Im Allgemeinen machen sich Eltern mehr Gedanken um das Thema »gesunde Ernährung«, sobald sie ein Kind bekommen. Es wird mehr auf biologisch angebaute Kost zurückgegriffen und sich plötzlich mehr Gedanken über Themen wie genveränderte Lebensmittel oder über den Verzehr von Fleisch gemacht.

So erging es auch uns, als klar wurde, dass wir Nachwuchs bekommen. Der Start zur breifreien Ernährung unseres Kindes forderte uns als Familie dazu auf, bewusster mit dem Thema Ernährung umzugehen. Denn schnell wurde klar, dass Pommes von der Frittenbude, Tiefkühlpizza oder Fertiggerichte nicht auf unserem Speiseplan stehen dürfen, wenn wir garantieren wollen, dass unser Kind wichtige Nährstoffe zum Heranwachsen erhalten soll. Viel zu salzige, fettige und mit zu vielen künstlichen Aromastoffen zugesetzte Speisen durften nicht mehr dazu gehören.

Wir tauschten unsere bisherige Ernährungsweise durch ein ausgewogenes Angebot an unterschiedlichen Lebensmitteln aus: wechselnde Gemüse-, Obst- und Getreideprodukte mit wahlweise Fisch oder Fleisch. Auf diese Weise konnten wir eine gesunde Auswahl an vielfältigen Nährstoffen für unser Kind garantieren. Fertig hergestellte Gewürze wurden vermehrt durch frische Kräuter ersetzt, die vitamin- und mineralstoffreich sind, und es wurde ausschlaggebend an der Würzung mit Salz gespart. Diese kleinen Veränderungen waren genauso gesund für uns wie für die Kleinste in der Familie.

Beikost ab 4 Monaten?

Einige Eltern sind beunruhigt, wenn ihr Kind plötzlich vor dem 6. Monat mehrere Milchmahlzeiten einfordert oder in der Nacht häufiger wach wird, um zu trinken. Es entsteht bei ihnen der Eindruck, ihr Kind würde nicht mehr von der Milchnahrung satt, und sie fangen daher mit dem Zufüttern an. Sie erhoffen sich davon, dass das Kind gesättigter ist. Allerdings ist dies ein Irrglaube und aus wissenschaftlicher und medizinischer Sicht weder belegt noch empfiehlt die WHO mit dem Beginn der Beikost im entsprechenden Entwicklungsstadium. Es entstehen sogar eher Nachteile bei einer zu frühen Einführung: Wer den Kaloriengehalt von Möhren- oder Pastinakengläschen (ca. 30 Kalorien pro 100 ml) mit dem Kalorien- und Nährstoffgehalt der Muttermilch (ca. 70 Kalorien pro 100 ml) vergleicht, erkennt schnell, dass es nicht notwendig ist, mit Breigläschen zu beginnen. Milchnahrung ist nicht nur viel kalorienreicher als Gemüse, sondern enthält weit mehr Nährstoffe, Mineralien und Enzyme, die ein Baby in dem Alter noch sehr stark für die gesunde Entwicklung benötigt. Neben dem vergleichsweise geringeren Nährstoff- und Kalorienanteil von Möhren, Pastinaken oder Kürbis können auch Probleme wie Blähungen und Verstopfungen auftreten. Der Grund liegt an einer plötzlichen Überforderung des Darms, wenn ihm ausschließlich Möhrenbrei zu einer Mahlzeit angeboten wird. Außerdem müsste das Baby aufgrund des geringen Kalorienanteils im Gemüse größere Mengen verspeisen, damit es sich gesättigt fühlt. Bei der Altersangabe von 4 Monaten auf den Beikostgläschen handelt es sich um eine Empfehlung der Babynahrungsindustrie und nicht der Medizin.

Sorgen, das Kind könne an einem akuten Eisenmangel leiden, wenn es nicht direkt ab dem 4. oder 6. Monat Gläschen mit Fleischmenüs erhält, sind auch unbegründet. Termingerecht geborene Kinder haben einen Eisenspeicher, der in den ersten sechs Monaten noch gut gefüllt ist. Außerdem liefert die Muttermilch genügend Eisen. Damit ist die Sorge eines Eisenmangels unberechtigt. In der Zeit der Beikost gibt es verschiedene Lebensmittel, die einen hohen Anteil an Eisen besitzen. Wer Fleischgläschen genauer unter die Lupe nimmt, stellt schnell fest, dass der Eisengehalt eines Gläschens mit Rindfleisch im Vergleich zur gleichen Menge frischem Bio-Fleisch eher mager ausfällt. Der Grund liegt an der Zusammensetzung der Zutaten. Wasser und Reis werden dem Fleisch als weitere Zutaten beigemischt und lassen den Eisengehalt auf die Menge gesehen sinken. So finden sich in frischen eisenreichen Lebensmitteln wie selbst verarbeitetes Fleisch, einige Gemüsesorten, wie Erbsen und Bohnen, Pfifferlinge, Hülsenfrüchte, Kräuter oder Obst bessere Eisenlieferanten.

Auch in der Wissenschaft sprechen sich Ärzte und Psychologen vermehrt für das Konzept der breifreien Ernährung aus. Der Weg der breifreien Ernährung sei viel natürlicher als die pürierte Breikost. Kinder würden auf diese Weise nur zwei Entwöhnungsphasen in ihrem ersten Lebensjahr durchmachen, anstelle von dreien (Brust zur Flasche, Flasche zum Brei, Brei zur festen Kost). Diese Lebensabschnitte können aus psychologischer Sicht traumatische Erlebnisse für Kinder sein (siehe dazu »Mein Kind will nicht essen« von Carlos Gonzales).

Der beste Zeitpunkt für die Beikost

Um den 6. Monat herum zeigen Kinder häufig die ersten Zeichen für den Beikoststart. Jetzt sind sie bereits motorisch in der Lage, sich selbst zu füttern, sodass das Füttern mit dem Löffel übersprungen werden kann.

Doch wie erkenne ich die ersten Zeichen, dass mein Baby bereit für Breifrei ist? Sehr offensichtliche Zeichen sind, wenn Ihr Baby Sie beim Essen beobachtet, Ihnen auf den Mund schaut und selbst Kaubewegungen macht. Zu dem Zeitpunkt kann es zwar noch nicht wissen, dass es sich bei den bunten Gegenständen, die in Ihrem Mund verschwinden um etwas Schmackhaftes oder Sättigendes handelt, es zeigt viel mehr die Neugierde daran und ist bereit es selbst herauszufinden. Ein weiteres Zeichen ist, wenn es nach allem greift, was sich bei Ihnen auf den Tellern befindet und dieses selbstständig zum Mund führen kann. In den meisten Fällen befindet sich das Baby dann schon in dem Entwicklungsstadium, in dem es mit nur wenig Unterstützung auf dem Schoß eines Erwachsenen oder im Hochstuhl sitzen kann. Stressen Sie sich aber nicht, wenn diese Anzeichen noch nicht im 6. Monat zu beobachten sind. Jedes Kind entwickelt sich individuell und so zeigt das eine schon etwas früher und das andere etwas später diese Anzeichen. Es geht darum, sich dem Tempo des Kindes anzupassen, damit es sich selbstbestimmt entfalten kann. So wie jedes Kind zu einem unterschiedlichen Zeitpunkt mit dem Laufen oder Sprechen beginnt, so entwickelt sich auch bei jedem Kind die Neugierde auf Lebensmittel unterschiedlich. Beobachten Sie Ihr Kind und gehen Sie auf seine Bedürfnisse ein. Es wird Ihnen schon zeigen, wann es bereit ist, etwas Neues neben der Milchnahrung zu entdecken. Leider werden die Bedürfnisse der Babys in unserer Gesellschaft nur

Bei jedem Kind entwickelt sich die Neugierde auf Lebensmittel unterschiedlich.

all zu oft übersehen, indem sie viel zu früh, fast liegend in Babyschalen, das Essen bis zum Anschlag in den Mund geschoben bekommen. Natürliche Sättigungsgefühle werden so schnell übersehen und dem Baby die Möglichkeit genommen, sein Essen aktiv mit allen Sinnen zu erkunden. Stattdessen lernt es beim Essen passiv da zu liegen, nach Möglichkeit wenig herum zu zappeln und lediglich den Brei zu schlucken, den es in den Mund serviert bekommt. So entwickelt sich keine dauerhafte Freude am Essen.

Reduzierung der Milchnahrung

Wie auch bei »Breikindern« führt Breifrei zu einer schrittweisen Entwöhnung der Milchnahrung – nur mit dem Unterschied, dass das Kind selbst entscheidet, wann und wie viel es von einem bestimmten Lebensmittel essen und anschließend durch eine Stillmahlzeit ergänzen möchte. Manche Kinderärzte und die Gesellschaft allgemein empfehlen Stillmahlzeiten nach dem 6. oder teilweise schon nach dem 4. Monat zu ersetzen, aufgrund der fehlenden Nährstoffe und Mineralien. Das ist völlig falsch, denn die Muttermilch enthält neben allen wertvollen Nährstoffen auch wichtige Substanzen wie Immunglobuline, Hormone und Enzyme, die durch Breigläschen oder künstliche Säuglingsmilch nicht zugesetzt werden können. Dabei sind Substanzen wie Immunglobuline wichtige Zusätze, die mit ihren antientzündlichen und immunmodulierenden Faktoren das Abwehrsystem des Kindes unterstützen und das Immunsystem ein Leben lang prägen. Der Schutz geht soweit, dass er auch im weiteren Verlauf des Lebens vor chronischen Erkrankungen schützen kann. Das Gerücht, dass die Muttermilch dem Kind nach dem 6. Monat nichts Ergänzendes mehr geben würde, außer der körperlichen Nähe zur Mutter, stimmt nicht. Es wurde festgestellt, dass gerade nach dem 6. Monat die Anzahl der Antikörper in der Muttermilch steigt, um auf diese Weise Erreger abzuwehren, mit denen das Kind durch das Krabbeln und Erforschen auf dem Boden verstärkt in Kontakt kommt. Deshalb spricht sich die WHO dafür aus, dass ein Vollstillen bis zum 6. Monat und das Teilstillen bis weit über das 2. Lebensjahr hinaus unbedenklich sind.

Natürlich gibt es Familien, die sich aus persönlichen oder körperlichen Gründen gegen das Stillen entscheiden. Doch auch bei Babys, die mit Flaschennahrung aufwachsen, spricht nichts dagegen, sie breifrei zu ernähren. Den einzigen Unterschied, den Stillberaterin Susanne Mierau in ihrem Buch »Breifrei durch die Babyzeit« sieht, ist, dass »…Flaschenkinder ein weniger gutes Sättigungsgefühl haben, als Stillkinder. Während gestillte Kinder nach der Beikosteinführung nach und nach weniger Muttermilch trinken, reduzieren Flaschenkinder die Menge der künstlichen Säuglingsnahrung nicht.« Damit ausgeschlossen wird, dass das Kind durch die Flaschennahrung zu viele Kalorien aufnimmt, sollte ihm daher vermehrt Wasser zu den Mahlzeiten oder auch zwischendurch angeboten werden. Ein weiterer Unterschied, der sich zwischen Stillkindern und Flaschenkindern beobachten ließ, ist Susanne Mieraus Beobachtungen zufolge, dass manche »Babys, die nicht gestillt werden, neuen Nahrungsmittel gegenüber weniger aufgeschlossen sind. Ein Grund dafür ist, dass sie nicht wie Stillkinder unterschiedliche Geschmacksrichtungen durch die Muttermilch kennen gelernt haben«. Stehen Eltern also vor der Entscheidung zu stillen oder lieber die Flasche zu geben, wären dies einige gute Gründe sich für das Stillen zu entscheiden.

Warum die Milch weiterhin nach Bedarf angeboten werden soll

Sie werden mit den Wochen und Monaten, während das Kind feste Nahrung zu sich nimmt, feststellen, dass die Milch stetig weniger vom Kind eingefordert wird. Dadurch ergibt sich ein schleichender Prozess des Abstillens, der für Sie und das Kind absolut stressfrei ist.

Die Milchmahlzeiten helfen dem Kind auch anfänglich bei der Verdauung der neuen Lebensmittel.

Wenn neben den Mahlzeiten nach Bedarf gestillt oder die Flasche gegeben wird, müssen sich Eltern nicht so viele Gedanken machen, ob das Kind genügend Flüssigkeit zu sich nimmt, wenn es beim Essen weniger trinkt.

Trinklernbecher, Flasche oder Glas?

Da die Milchnahrung immer mehr von festen Speisen abgelöst wird, ist das Heranführen an weitere Getränke wie Wasser oder ungesüßten Kräutertee für den Wasserhaushalt des Kindes sehr wichtig. Dabei sprechen sich Logopäden und Zahnärzte dafür aus, von der Flasche oder Brust direkt auf einen normalen Becher oder Glas umzusteigen. Schnabeltassen, Trinklernbecher und SIGG-Flaschen wirken zwar auf den ersten Blick praktisch, verursachen allerdings fehlerhafte Schluckabläufe, fördern Kiefer- und Zahnfehlstellungen und sind schädlich für die Sprachentwicklung bei Kleinkindern. Der Grund dafür ist, dass das Kind den »Schnabel« als Reiz im Mund erhält und beim Trinken automatisch die Zunge dort hin bewegt. Beim Trinken aus einer Flasche oder mit einem Trinkhalm ist es nicht der Fall. Deshalb ist das Trinken mit dem Trinkhalm unbedenklich und für Kleinkinder zunächst leichter zu bewältigen als selbstständig aus einem Glas zu trinken.

Nachahmen ist beim Trinken lernen genauso wichtig, wie beim Erlernen anderer Tätigkeiten des täglichen Lebens. Deshalb bekommt das kleinste Familienmitglied genau wie alle anderen etwas Wasser in einem Becher oder einem kleinen Glas serviert. Auch Schnapsgläschen eignen sich gut, sie sind von der Größe, dem Gewicht und der Glasstärke optimal. Durch das Nachahmen der Eltern und Geschwister ist dem Kind schon früh bewusst, wie aus einem Glas getrunken wird. Motorisch gesehen, sind die Abläufe alleine noch schwer zu bewältigen. Erste Trinkversuche können daher ohne kleine Hilfen feucht enden. Oft wird das Glas zu schnell angesetzt oder die Menge im Glas unterschätzt. Sie können das Glas gemeinsam mit dem Kind halten und zum Mund führen oder einen Trinkhalm benutzen. Sie werden überrascht feststellen, wie schnell das selbstständige Trinken aus einem Glas funktioniert, wenn das Kind genügend Möglichkeiten zum Probieren erhält.

Was erwartet Sie mit Breifrei?

Ich würde lügen, behauptete ich, dass es nicht auch mal kunterbunt auf und unter dem Tisch zugehen würde. Stellen Sie sich deshalb innerlich drauf

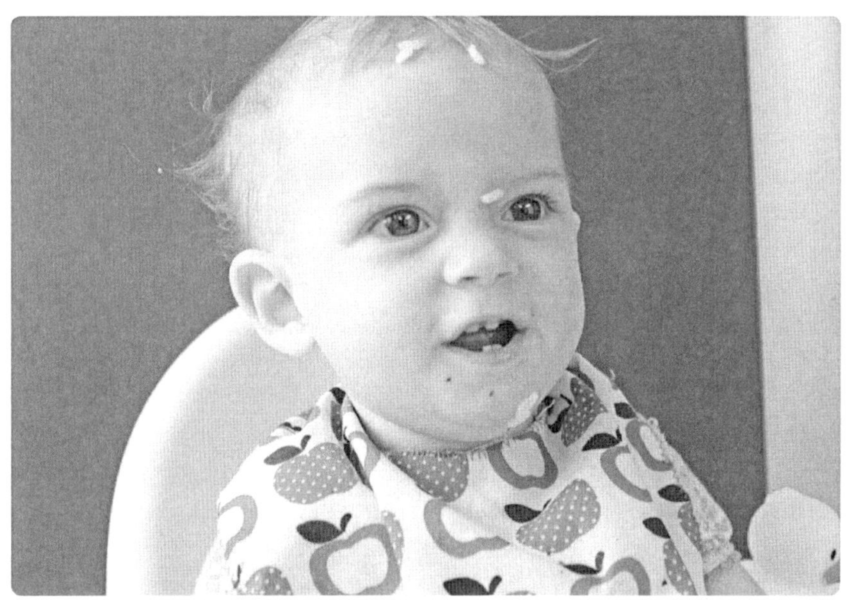

Breifrei heißt auch, mit allen Sinnen erforschen zu dürfen.

ein, dass es zu Beginn auch chaotisch werden kann. Wer keinen Hund unter dem Familientisch liegen hat, dem ist mit einer Plastikfolie, Zeitung, einem sauberen Wachstischtuch oder einer größeren Schüssel gut geholfen. So kann das Chaos etwas eingegrenzt und sogar herunter gefallene Lebensmittel nochmals angeboten werden. Es erleichtert auch das Putzen nach einer Mahlzeit, wenn das vollgeschmierte Wachstischtuch über der Spüle abgewaschen werden kann. Aber auch diese Phase geht nach einiger Zeit vorüber.

Mit jeder Mahlzeit lernt Ihr Sprössling ganz viel Neues dazu. Er entwickelt seine feinmotorischen Fähigkeiten immer weiter, sodass die Erfolgserlebnisse bald auch unter dem Tisch zu sehen sind. Während mancher Mahlzeiten entsteht der Eindruck, das Kind unterscheide sich nicht mehr von der eigenen Mahlzeit. Am liebsten würden Sie ständig mit einem feuchten Lappen über das Gesicht und über die Finger wischen. Tun Sie es trotzdem nicht. Sie wollen doch auch nicht, dass jemand Ihnen im Gesicht herumwischt, während Sie Ihr Essen genießen. Sie könnten Ihr Kind verärgern, es aus seiner Konzentration herausreißen und ihm die Freude am Essen und

Entdecken nehmen. Werden Sie auch nicht wütend, wenn es seine Mahlzeit lieber unter dem Tisch als im Mund sieht. Freuen Sie sich, denn es entdeckt gerade die Schwerkraft oder will Ihnen sagen, dass es fertig ist. Behalten Sie immer im Kopf, dass Ihr Kind nichts aus Böswilligkeit macht, sondern um etwas Neues zu lernen. So hat unsere Tochter die Phase durchlebt, ihr Essen in ihr Glas zu füllen und anschließend daraus zu trinken oder es heraus zu fischen und feucht zu essen. Welche Absichten hinter manchen Handlungen stecken, zeigt sich häufig erst später oder gar nicht.

Dies bedeutet aber nicht, dass Sie über Ihre Grenzen gehen müssen. Wenn es Ihnen zu chaotisch wird, können Sie die Spiel- und Erkundungsphase immer noch abbrechen.

Bei Brei gefütterten Kindern, kann es auch mal kunterbunt zugehen. So probieren sie sich auf andere Weise aus, indem der Brei wieder ausgeprustet wird oder der Löffel selbst in die Hand genommen werden möchte.

Was Sie auf jeden Fall erwartet, sind zwei freie Hände, um Ihr eigenes Essen zu genießen.

Vorteile von Breifrei

Diese Form der Beikosteinführung ist für Babys und Eltern nicht nur spannend, sondern bringt auch viele beobachtbare Vorteile mit sich.

Das besonders Schöne an Breifrei ist, dass alle Mahlzeiten zur gleichen Zeit von allen Personen in der Familie gemeinsam eingenommen werden können. Das Kind ist ein Teil am Familientisch und bekommt das Miteinander, die Gespräche und Rituale von Beginn an vorgelebt. Niemand muss das Baby vom Rest der Familie isoliert füttern, um später – womöglich noch allein - selbst essen zu können. Jeder hat die Möglichkeit, das Essen in seinem Tempo zu sich zu nehmen. Ein separates Kochen und Pürieren ist überflüssig, wenn das Kind alle Lebensmittel in seiner ursprünglichen Form und im Geschmack kennenlernen und vom Tisch essen darf. Das Kind weiß nach kurzer Zeit, welche Nahrungsmittel ihm gut schmecken und kann diese auch gezielt auswählen. Anders als bei Breikindern haben diese Kinder mehr Gelegenheiten, Lebensmittel bei ihren Namen zu hören und mit dem Geschmack sowie dem Aussehen zu verbinden. Immer wiederkehrende Lebensmittel werden auf diese Weise früher von Kindern beim Benennen verstanden oder sogar selbst versprachlicht. Verständlich, da breiige Kost aus unzähligen Zutaten besteht, die zu einem Mus vermischt werden und entweder eine rötliche oder eine grünliche Färbung aufweist. Das Kind hat gar keine Möglichkeit einen direkten Bezug zu tatsächlichen Frucht- und Gemüsesorten herzustellen, wenn alles in breiiger Form vorliegt. Obstsäfte, die Breimahlzeiten oftmals für den Vitamin-C-Gehalt beigemischt werden, geben dem Ganzen zusätzlich einen süßlichen Geschmack. Mit dem eigentlichen Gemüse- und Getreidegeschmack hat es am Ende wenig zu tun. Die Geschmacksknospen werden auf diese Weise schon früh an eher süßlich schmeckende Lebensmittel gewöhnt. Bei den industriell hergestellten Gläschen sieht es ähnlich aus, dort werden meist Gemüse- und Obstsorten vermischt, um eine natürliche Süße zu erhalten. Unglaublich, aber in manchen Lebensmitteln für Babys und Kleinkinder finden sich sogar versteckte Zuckerstoffe. Diese beeinflussen die Geschmacksentwicklung der Kinder schon von klein an.

Mit Breifrei verlernen Kinder nicht, auf ihr Hunger- und Sättigungsgefühl zu hören. Wie viel und wie oft es essen möchte, entscheidet das Kind selbst. Die Nahrung wird langsamer aufgenommen als bei Breikindern, was sich positiv auf die Verdauung auswirkt. Speisen verbleiben länger im Mund, wodurch erste Nährstoffe aus den Lebensmitteln aufgespalten werden können. Sättigungssignale werden nicht übergangen und dem Kind mit Überredungskünsten mehr zu essen aufgedrängt als eigentlich rein passt. Beim Stillen nach Bedarf verfährt man schließlich nach dem gleichem Prinzip.

Beim Greifen verschiedener Konsistenzen und Formen werden ganz nebenbei die Feinmotorik sowie die Hand-Mund-Koordination geschult. Aus dem Greifen mit der ganzen Hand entwickelt sich schnell der Pinzettengriff. Beim Auflesen von Kleinteilen wie Erbsen und Rosinen wird die Feinmotorik wiederkehrend und natürlich gestärkt.

Während das Kind die verschiedenen Konsistenzen und Beschaffenheiten der unterschiedlichen Lebensmitteln mit der Zunge, dem Gaumen und den Zahnleisten erforscht, werden die Mund- und die Zungenmuskulatur immer wieder anders beansprucht und gestärkt. Dies stellt sich als vorteilhaft für das zukünftige Sprechen heraus. Da die Kinder ihre Muskulatur häufiger trainiert haben, können schneller und differenzierter neue Laute mit der Zunge ausprobiert werden, die sich schon bald zu richtigen Wörtern herauskristallisieren. Breigefütterte Kinder müssen ihren Brei nicht mehr bearbeiten, bevor sie ihn herunterschlucken und trainieren ihre Mundmuskulatur insgesamt weniger. Zu denken gibt auch die Aussage von Dr. Renz-Polster, er spricht in seinem Buch »Kinder verstehen« davon, dass Kieferfehlstellungen bei Kindern erst mit Einführung der weicheren Beikost vermehrt zu beobachten waren.

Außerdem spricht für Breifrei, dass sich das Kind selbst in seinem eigenen Tempo abstillt. Je mehr es sich an seinem Essen satt isst, desto weniger wird anschließend gestillt. Zu Beginn hatte sich unsere Tochter nur durch das Erkunden fester Lebensmittel Appetit geholt. Der richtige Hunger wurde anschließend durch das Stillen befriedigt. Es wurden nicht wie bei Kindern, die mit Brei oder Gläschen gefüttert worden, ganze Mahlzeiten ersetzt, was wiederum für eine stillende Mutter und ihren Körper eine behutsame Reduktion der Milchnahrung zur Folge hat und gleichermaßen den Darm des Babys nicht unnötig mit der Umstellung auf feste Nahrung überfordert. Erst im 9. Monat stellte ich fest, dass ganze Mahlzeiten am Morgen und Mittag durch feste Nahrung ersetzt worden waren und nur noch nachts bzw. am frühen Morgen kurz gestillt wurde. Mit zunehmendem Alter war auch die morgendliche Milchmahlzeit nicht mehr interessant, als wir es zum Ritual machten, direkt nach dem Aufwachen in die Küche zu gehen. Kurz darauf war klar, dass die abendlichen Stillmahlzeiten mehr dazu dienten, körperliche Nähe zu erfahren und Geborgenheit zu spüren. An diesem Punkt angelangt, kann jede für sich entscheiden, wie lange sie noch stillen möchte. Egal wie lange eine Mutter ihr Kind stillen möchte, Breifrei ermöglicht Mutter und Kind einen schleichenden und sanften Prozess des Abstillens.

Da die Muttermilch während der Beikosteinführung ein ständiger Begleiter ist, hat der Magen-Darm-Trakt eine Unterstützung bei der Aufspaltung der Speisen. Denn nicht nur im Speichel sind wichtige Enzyme enthalten, die durch das Kauen bereits mit dem Verdauungsprozess beginnen, sondern auch in der Muttermilch. Erste Mahlzeiten werden dadurch leichter verdaut. Der Nachteil bei Breikindern ist daraus folgend, dass sie während schnell ersetzter Mahlzeiten weniger Unterstützung bei der Verdauung erhalten und ein wichtiger erster Teil des Verdauungsprozesses, der während des Kauens im Mund stattfindet, nahezu fehlt.

Kurz und knapp: Die Vorteile von Breifrei

- Das Kind ist ein Teil am Familientisch.
- Es ist kein gesondertes Kochen und Pürieren notwendig.
- Das Einkaufen von Gläschen und Brei entfällt.
- Die Gemüse- und Obstsorten werden in ihrer ursprünglichen Form vom Kind kennengelernt.
- Das Kind lernt früh verschiedene Geschmacksrichtungen kennen.
- Die Feinmotorik und die Hand-Mund-Koordination werden geschult.
- Das Kind isst zeitig selbstständig.
- Die Gesichts-, Mund- und Zungenmuskulatur werden trainiert, was sich positiv auf die Sprachentwicklung auswirkt.
- Das Kind verlernt nicht, auf sein Sättigungs- und Hungergefühl zu hören.
- Das Kind bestimmt die Menge seiner Mahlzeiten und stillt sich selbst ab.

Kurz und knapp: Die Grundlagen der breifreien Ernährung

- Warten Sie den richtigen Zeitpunkt für den Beikoststart ab.
- Achten Sie auf eine ausgewogene und salzarme Ernährung.
- Lassen Sie Ihr Kind nur in aufrechter Position und niemals unbeaufsichtigt essen (Erstickungsgefahr).
- Beginnen Sie mit Lebensmittel, die gut zu greifen sind und meiden Sie harte Lebensmittel wie Nüsse (Erstickungsgefahr).
- Stillen Sie weiterhin nach Bedarf oder geben Sie Ihrem Kind die Flaschennahrung.
- Bieten Sie ihrem Kind immer etwas zu essen auf einem Teller an, wenn Sie auch etwas essen.
- Erwarten Sie nicht, dass Ihr Kind bis zum 9. Lebensmonat große Mengen verspeist.

- Erlauben Sie Ihrem Kind alle Lebensmittel auf seine Weise zu erforschen und zu entdecken.
- Drängen Sie Ihr Kind nicht, abgewiesene Lebensmittel zu essen. Bieten Sie sie ein anderes Mal erneut zum Probieren an.
- Geben Sie Ihrem Kind die Möglichkeit, bei jedem Essen etwas Wasser aus einem Glas zu trinken.

Es geht los!

Befreien Sie sich von dem Gedanken, dass Ihr Kind beim ersten Versuch Lebensmittel zu sich nimmt und sich satt isst. Dies ist ein Weg, den es aus eigener Kraft gehen muss, indem es zunächst die Konsistenz, den Geruch sowie Geschmack des Essens erkundet. Es mag an Spielen erinnern, wie es an der Nahrung nuckelt, sie in den Mund stopft, darauf herumkaut und sie anschließend wieder ausspuckt. Erst nach einigen Versuchen wird das Kind lernen, dass Karottensticks, Brokkoliröschen und Co. schmackhaft sind und sie sich nach einigen Zerkleinerungsversuchen mit Zahnleiste und Zunge in den hinteren Teil des Gaumens befördern und herunterschlucken lassen. Mahlzeiten werden zum Abenteuer, zu einer Plattform, eine neue Welt zu entdecken, die einiges an Zeit abverlangt.

Das Erforschen, die Freude und der Genuss des Ausprobierens stehen an erster Stelle. Deshalb erwarten Sie auch nicht, dass Mahlzeiten komplett aufgegessen werden. Drängen Sie Ihr Kind nicht mit Überredungskünsten, zurückgewiesene Lebensmittel zu essen. Akzeptieren Sie es für den Moment und bieten Sie es ein anderes Mal erneut an. Oftmals braucht der Gaumen etwas Zeit, um auf den Geschmack zu kommen. Wichtig ist im Hinterkopf zu behalten, dass die Milchnahrung im ersten Lebensjahr ein wichtiger Bestandteil bleibt, der in den täglichen Speiseplan integriert werden muss. Machen Sie sich daher keine Sorgen, wenn Ihr Kind an manchen Tagen weniger zu sich nimmt als Sie erwarten. Es erhält immer noch alle wichtigen Nährstoffe über die Milchnahrung.

Am besten beginnen Sie damit, dem Baby – wann immer Sie selbst etwas essen – auch etwas anzubieten. Dabei heißt »anbieten« nicht, dem Kind

Das Kind sucht sich die Stücke selbst aus, die es probieren will.

etwas in den Mund zu schieben oder es ihm in die Hände zu drücken. Wenn möglich, sollte dem Kind eine kleine Auswahl von Lebensmitteln, die gerade auf dem Tisch liegen, auf einem Tellerchen gegeben werden. Dann erst kann sich das Kind die Stücke aussuchen, welche es erforschen und eventuell probieren möchte. Bei der Wahl der Speisen kann außer wenigen Einschränkungen, auf die später eingegangen wird, alles angeboten werden, das weich und gut zu greifen ist. Da ein Baby mit 6 Monaten noch nicht in der Lage ist, mit dem Zeigefinger und Daumen, in der Fachsprache Pinzettengriff genannt, kleinere Lebensmittel wie Erbsen oder Maiskörner aufzulesen, wird es auch nur das essen können, was es greifen kann. Es ist nicht notwendig Lebensmittel anzubieten, die eine süßliche Note aufweisen – wie das beispielsweise bei Karotten oder Äpfeln der Fall ist. Herzhaftes, wie Ziegenkäse oder etwas Muschelfleisch, können durchaus zu beliebten Lebensmitteln werden, wenn sie im Speiseplan der Kinder integriert sind. Babys sind von Natur aus neugierig. Um die Geschmacksknospen nicht zu sehr an süße Lebensmittel zu gewöhnen, sollte der Speiseplan vielseitige Geschmäcker auf den Tisch bringen. Erst dann kann das Kind neben süßen Lebensmitteln weitere Vorlieben für sich entdecken.

Zu Beginn müssen die Essenzeiten nicht dann stattfinden, wenn das Kind hungrig ist. Sie sollten sogar eher dann essen, wenn das Kind nicht hungrig oder müde ist. Die Lebensmittel werden ohnehin erst mal nur als Forschungsgegenstand wahrgenommen, und wer möchte schon hungrig oder müde etwas erforschen?

Babys tendieren in den Anfängen dazu, ihr Tellerchen mindestens genauso spannend zu finden wie das Essen. Deshalb kann der Teller zunächst gegen einen Hochstuhl mit Ablagefläche eingetauscht werden, auf dem das Essen serviert wird.

Die Hände sind die ersten Werkzeuge, mit denen das Kind alles erforscht. Umso wesentlicher ist daher die Temperatur des Essens. Es sollte aufgrund der Verbrennungsgefahr nicht zu heiß aufgetischt werden. Am besten probieren Sie es selbst, bevor es in die Hände des Babys gelangt. Sollte es zu heiß sein und das Kind zu ungeduldig, reicht es oft schon aus, kleine Portionen auf dem Teller zu verteilen oder es für kurze Zeit in den Kühlschrank zu stellen. Kleine Portionen sind auch aus einem anderen Grund vorteilhaft: Ist der Teller mit zu vielen Lebensmitteln überfrachtet, kann das Baby schnell überfordert werden. Eine Konsequenz daraus könnte sein, dass das Kind im Essen herumwühlt oder es sogar vom Tisch »fegt«. Deshalb sollte gerade in den Anfängen alles etwas übersichtlicher und gut greifbar angeboten werden.

Unterwegs klappt Breifrei genauso gut wie Zuhause. Gemüse und Obst, welches von Natur aus eine weiche Konsistenz besitzt (Gurke, Avocado, Mango, Pfirsich, Mandarine, Birne, Banane o. Ä.) können direkt zu Beginn der Beikost ohne Vorarbeit zum Einsatz kommen. Diese müssen nicht weich gegart, gebraten oder gekocht werden. Sie bieten sich besser als Snacks für unterwegs oder als Zwischenmahlzeit an als gekaufte Babysnacks oder Gläschen. Wer sich die Zutaten bestimmter zum Kauf angebotener Kindersnacks oder Fruchtriegel für Babys ab 8 Monaten genauer anschaut, findet oft versteckte Zuckerstoffe. Viele abwechslungsreiche Snacks sind schnell selbst gemacht, im Vergleich zu gekauften Snacks günstiger, und Ihr Kind lernt von Beginn an den natürlichen Geschmack der Lebensmittel kennen.

Kauen, würgen, (ver)schlucken

Das Kauen und das Schlucken von festen Lebensmitteln ist eine wesentliche Fähigkeit, die erst mal erlernt werden muss. Ängste, das Kind könnte beim Erkunden gröberer Lebensmittel ersticken, erklingen hin und wieder als Gegenargument für die breifreie Kost. Doch diese Ängste sollten eher Eltern haben, die ihren Kindern den Brei im halb liegenden Zustand in den Mund löffeln. Babys sind bereits mit dem Zungenstoßreflex ausgestattet, der sie zunächst davor schützt, größere Stücke Nahrung oder auch Gegenstände herunterzuschlucken und befördert alles, was nicht heruntergeht, wieder nach vorne aus dem Mund heraus. Dieser natürliche Reflex greift nur, wenn sich das Baby in einer aufrechten Position befindet. Der Reflexpunkt ist sensibel und befindet sich eher im vorderen Bereich der Zunge, sodass er viel schneller als bei Erwachsenen ausgelöst werden kann. Dieses Würgen soll nicht mit einem Verschlucken verwechselt werden. Da der Reflex häufig ausgelöst werden kann, würgen die Kinder große Stücke, die sie nicht runterschlucken können, wieder nach vorne aus dem Mund.

Eltern schrecken anfänglich schnell auf, wenn das Baby zu würgen beginnt. Die Kleinen finden es aber nicht weiter schlimm ... für sie ist es oftmals sogar amüsant, ein neues Gefühl kennen zu lernen und sie stopfen sich gleich darauf wieder den Mund voll. Je mehr sie lernen mit verschiedenen Konsistenzen umzugehen, sie auf der Zahnleiste zu zerkauen und mit dem Speichel aufzuweichen, desto seltener wird der Würgereflex ausgelöst. Es ist trotz des Schutzmechanismus, den die Natur unseren Kindern mitgegeben hat, ratsam Ihr Baby nur in aufrechter Position und beaufsichtigt essen zu lassen. Es kann natürlich trotzdem vorkommen, dass sich das Kind an Lebensmitteln verschluckt. Eine daraus folgende natürliche Reaktion des Kindes ist, dass es das Verschluckte zunächst heraushustet. Sollte das allerdings nicht helfen und das Kind bekommt Atemnot, legen Sie es bäuchlings über die Oberschenkel und klopfen gefühlvoll mit der flachen Hand mehrmals zwischen seine Schulterblätter. Meistens löst sich dann das Stück aus der Luftröhre und fällt heraus. Diese Handgriffe und andere Maßnahmen, können im Erste-Hilfe-Kurs für Säuglinge erlernt werden, der ohnehin für alle Familien ratsam ist, denn vor dem Verschlucken sind breigefütterte Kinder auch nicht mehr oder weniger geschützt als Kinder, die sich breifrei ernähren. Breifrei ernährte Kinder genießen viel mehr einen Vorteil: Sie durften früher mit stückigen Lebensmitteln umgehen lernen und haben ein besseres Gespür für die Unterscheidung zwischen essbaren Lebensmitteln, die hinuntergeschluckt werden können, und nicht essbaren Gegenständen, die letztlich ausgespuckt werden. Einen weiteren Nachteil, den breigefütterte Kinder gegenüber breifreien Kindern haben ist, dass sie ihre Kaufähigkeit erst viel später trainieren können. Kinder, die die Möglichkeit verpasst haben, zeitig an Stückchen heran geführt zu werden, haben später Schwierigkeiten mit dem Verspeisen entsprechender Lebensmittel.

Löffel und Gabel

Zu Beginn von Breifrei sind die Hände sowie die Finger das eigentliche Werkzeug, mit dem das Kind das Essen vom Teller in den Mund bekommt. Schnell kann der Eindruck entstehen, dass das Kind auf diese

Weise niemals lernen würde, sauber und gesittet mit dem Besteck umzugehen. Glücklicherweise lernen Kinder in ihren ersten Lebensjahren besonders durch Nachahmung; so auch den Umgang mit Besteck oder das Trinken aus einem Glas. Bieten Sie um den 9. Monat zu jeder Mahlzeit eine kleine Gabel oder einen Löffel an. Sie werden irgendwann feststellen, dass das Kind selbst versucht, Ihre Bewegungen nachzuahmen. Auch wenn sich zu Anfang eher weniger auf dem Löffel oder der Gabel befindet, ist es ein wichtiger Übungsschritt, den das Kind macht, wenn es versucht, sein Besteck zum Mund zu führen. Sie können dem Kind dabei helfen, indem Sie den Löffel oder die Gabel im Vorfeld mit der Nahrung beladen, denn das Löffeln und Aufpieksen von Lebensmitteln stellt sich zu Beginn noch als schwierig dar. Aber die Übung macht den Meister und deutliche Erfolge zeigen sich schon nach wenigen Monaten.

Frustration

Nicht selten kommt es vor, dass Babys in ihren Essanfängen frustriert reagieren. Da kann es passieren, dass sie bestimmte Lebensmittel nicht zu packen bekommen oder die Feinmotorik und Koordination noch nicht so ausgereift sind und kleinteilige Leckereien eher neben dem Mund landen. Selbst an diesem Punkt sollte das Baby nicht mit dem Löffel gefüttert werden. In dieser Zeit gehören vorrangig Lebensmittel auf den Tisch, die für das Kind leichter zu greifen sind. Eine variierende Zubereitung von Obst, Gemüse, Fleisch oder Fisch bietet unterschiedliche Konsistenzen, die für das Kind eine neue Erfahrung und Entdeckung bedeuten können. Durch Braten oder Backen verändern Mangostreifen oder Kürbisstücke beispielsweise ihre glitschige Beschaffenheit und lassen sich besser packen.

Es kann auch möglich sein, dass sich das Kind im Hochstuhl unwohl fühlt und den Rest seines Essens lieber bei Mama oder Papa auf dem Schoß verspeisen möchte. Aus Erfahrung kann ich sagen, dass die Phase der Frustration nicht lange anhält, und dass das Kind schnell einen eigenen Weg findet, um mit frustrierenden Situationen umzugehen. Mit jedem Essen wird so viel Neues dazugelernt, dass es mit jedem Mal besser wird.

Verschiedene Entwicklungsphasen

Die Entwicklungsphasen basieren auf Beobachtungen, die ich bei meinem eigenen Kind sowie bei Kindern im Freundeskreis machen konnte. Da sich jedes Kind individuell entwickelt, müssen sich die Phasen nicht immer genau im angegebenen Monat abspielen.

Um den 6. Monat:

Die meisten Babys beginnen, Interesse für das Essen auf dem Tisch zu entwickeln. Sie ertasten alles mit dem Mund, Gaumen und der Zunge. Die Motorik ist noch nicht ausgereift. Kleinteile sind schwer zu greifen. Um Gegenstände und Lebensmittel zum Mund zu führen, wird die ganze Hand als Werkzeug gebraucht. Die Lebensmittel werden stark erforscht, an ihnen gesaugt und im Mund untersucht. Die Nahrungsaufnahme erinnert eher an Spielen. Das Kind kaut die Lebensmittel nicht klein. Dadurch wird nicht viel heruntergeschluckt. Das Schlucken größerer Stücke ist mit einer beobachtbaren Anstrengung verbunden.

Empfehlenswert sind Lebensmittel, die großflächig sind, beim Greifen aus der Hand des Babys herausragen und nicht so leicht aus den Händen gleiten können. Vorsicht bei Steinobst, Obst und Gemüse mit härterer Schale. Bieten Sie Äpfel, Tomaten oder Paprika besser ohne Schale an, da sie schlecht zu zerkauen sind. Entfernen Sie bei Kirschen, Pflaumen, Pfirsichen und Trauben vorher die Kerne, denn es besteht die Gefahr des Verschluckens. Um an das Trinken herangeführt zu werden, bekommt das Kind zu jeder Mahlzeit etwas Wasser in einem Becher serviert. Zu dem Zeitpunkt ist der Becher noch als Gegenstand interessanter, als dass er seinen Zweck zum Trinken erfüllt. Das Kind braucht noch Unterstützung beim Festhalten. Der motorische Ablauf des Trinkprozesses ist noch unklar.

Um den 8. Monat:

Die Feinmotorik wirkt ausgereifter. Es werden zum Teil die Handflächen und alle Finger eingesetzt, um Lebensmittel zu greifen. Der Pinzettengriff (mit Daumen und Zeigefinger) wird vereinzelt benutzt, um Kleinteile zu greifen. Das Kind bevorzugt bereits bestimmte Lebensmittel. Es beginnt,

Lebensmittel mehr als Nahrung zu betrachten, erforscht sie, spielt aber auch noch viel damit. Die Hand-Mund-Koordination ist weiter entwickelt, kleinteilige Lebensmittel landen allerdings oft neben dem Mund. Das Baby lernt, größere Stücke mit seinen Zahnleisten und den ersten Zähnen zu zerkleinern und schluckt jetzt öfter etwas herunter. Die Kraft in den Händen wirkt noch nicht immer kontrolliert, weiche Nahrungsmittel werden zeitweise zerdrückt oder auf dem Tisch zermatscht. Das Kind ist immer besser in der Lage aus einem Glas zu trinken, wenn ihm beim Halten geholfen und das Glas zum Mund geführt wird.

Um den 9. Monat:

Die Mengen der gegessenen Lebensmittel werden größer, sodass die Milchmahlzeiten eindeutig weniger werden. Das bedeutet auch, dass dem Kind öfter Wasser angeboten werden muss, damit es über den Tag verteilt genügend Flüssigkeit erhält. Es kann gezielter Lebensmittel auswählen, die es essen möchte. Erste Essversuche mit einer Kindergabel oder einem Löffel werden gemacht. Das Kind ist noch nicht treffsicher und wird Schwierigkeiten dabei haben, Lebensmittel gezielt mit der Gabel aufzuspießen oder den Löffel zu füllen. Es wird sich noch vermehrt mit den Händen helfen. Beim Trinken aus einem Glas braucht das Baby weiterhin Unterstützung.

Um den 10. Monat:

Lebensmittel werden eindeutig weniger untersucht und vermehrt gegessen. Kleinteilige Nahrungsmittel, wie Erbsen, Reiskörner oder Brötchenkrümel, können einzeln aufgelesen werden, landen jedoch nicht immer sicher im Mund. Diese Lebensmittel werden gerade bevorzugt, dazu gehören auch kleingeschnittene Brothäppchen. Kinder mit wenig Zähnen entwickeln Techniken, um härtere Lebensmittel, wie ein Apfelstück oder eine Gurke, zu zerkleinern. Das Baby unternimmt erste Versuche, das Glas selbst in beide Hände zu nehmen. Trinkversuche gelingen noch nicht sicher und enden häufig feucht.

Um den 11. Monat:

Das Baby versucht, eigenständig mit der Gabel zu essen. Es bemüht sich in ersten Versuchen, Lebensmittel aufzupicken und zum Mund zu führen, was nicht immer funktioniert. Die Hände und Finger werden weiterhin beim Essen zur Hilfe genommen.

Um den 12. Monat:
Die Gabel kommt häufiger zum Einsatz. Der Umgang damit fällt dem Kind leichter als der Umgang mit dem Löffel. Die Finger werden weiterhin als Hilfsmittel eingesetzt. Das Kind schafft es bereits gut, sein Glas selbst zu halten und zum Mund zu führen. Es kommt dennoch vor, dass die Menge der Flüssigkeit unterschätzt wird und einiges daneben geht.

Um den 14. Monat:
Gabel und Löffel kommen wie selbstverständlich bei jeder Mahlzeit zum Einsatz. Die Finger werden kaum noch eingesetzt. Essen, welches sich schlecht auf die Gabel spießen lässt, wird mit den Händen an die Gabel gestochen und zum Mund geführt. Das Löffeln von Müsli, Joghurt und dickflüssigen Suppen klappt zusehends selbstständig. Das Trinken aus einem Glas funktioniert selbstständiger und sicherer.

Wie viel ist genug?

Es erstaunt, wie wenig Vertrauen Eltern teilweise in einen kleinen Menschen und seine Empfindungen haben. Erwachsene denken häufig, besser Bescheid zu wissen, welche Mengen das Kind benötigt, damit es satt wird. Die Vorstellung, es müsse bei jeder Mahlzeit eine Gläschenmenge von 190 g verputzen, ist absurd. Ein Babymagen hat gerade mal die Größe einer Kinderfaust. Der Magen besteht aus einer dreischichtigen Muskulatur, die sich nach jeder Mahlzeit ausdehnt und wieder zusammen zieht. Er passt sich mit der Zeit an bestimmte Nahrungsmengen an. Wenn nun Sättigungssignale auf längere Zeit ignoriert werden und der Magen größere Nahrungsmengen aufnehmen muss, als er ursprünglich kann, dehnt sich dieser dauerhaft aus und vergrößert sein Volumen. Es ist daher gesünder, dem Baby öfter kleinere Mahlzeiten anzubieten als drei größere Mahlzeiten. Außerdem variieren Hungergefühl und Appetit des Babys genauso wie bei uns Erwachsenen.

Babys geben unterschiedliche Signale, um zu sagen, dass sie satt sind.

Selbst wenn das Kind an einem Tag oder auch in einer Woche einmal nicht so viel zu sich nimmt, sollten Eltern nicht panisch reagieren und das Kind dazu drängen, mehr zu essen, als es eigentlich möchte. Nur das Kind weiß genau, wann es genug hat. Wird das Kind dazu gedrängt, mehr zu essen, wird das Essen zu einem Kampf und die Freude daran geht für alle Beteiligten verloren. Das Essverhalten eines Kindes kann sich unter bestimmten Umständen verändern. Wenn das Kind zum Beispiel zahnt, eine Erkältung ausbrütet oder einen Entwicklungsschritt macht, wird es wahrscheinlich weniger zu sich nehmen wollen. Aus Sicht des Kindes ist das ein sehr verständliches Verhalten. Es wird mit Sicherheit nicht verhungern, wenn ihm genügend Gelegenheiten zum Essen gegeben wird.

Eventuell machen Eltern sich auch Sorgen, wenn das Kind ein »Loch im Bauch« zu haben scheint und kein Ende beim Essen findet. Sollte das der Fall sein, bieten Sie dem Kind statt kohlenhydratreichen Lebensmitteln und Obst mehr Gemüse an. Gemüse hat im Vergleich zu Obst weniger Kalorien und ist zudem sehr vitaminreich.

Ich bin fertig!

Babys geben unterschiedliche Signale, um zu sagen, dass sie satt sind. Jedes Kind teilt sich auf andere Weise mit. Diese Signale müssen nicht gleich bleiben, sie können sich mit zunehmendem Alter verändern. Nach einigen Mahlzeiten werden Sie herausfinden, auf welche Weise Ihr Sprössling sagt, dass er mit dem Essen fertig ist.

Folgende Reaktionen können bedeuten, dass Ihr Kind nichts mehr essen möchte:

- Das Kind dreht sich im Hochstuhl vom Essen weg.
- Es spielt nur noch mit den Lebensmitteln, indem es sie auf dem Tisch verteilt und damit herumschmiert, ohne etwas in den Mund zu nehmen.
- Es bietet den anderen Personen am Tisch etwas an, ohne selbst davon zu essen.
- Das Kind schaut gelangweilt und interessiert sich nicht mehr für die Dinge, die auf seinem Teller liegen.
- Es wirft wiederholt alles Essbare vom Tisch, ohne danach zu schauen, wie und wo es gelandet ist.
- Es versucht aus dem Hochstuhl zu klettern.

Wenn Sie eines dieser Signale zu Beginn einer Mahlzeit beobachten, kann es auch bedeuten, dass Ihr Kind hungrig ist, allerdings nicht das essen möchte, was auf dem Tisch steht. Bieten Sie Ihrem Kind dann versuchsweise einen anderen Geschmack oder die Milch an, um herauszufinden, was die Ursache für das jeweilige Verhalten sein könnte.

Kurz und knapp: Es geht los!

- Bieten Sie Ihrem Kind erst etwas vom Tisch an, wenn es Ihnen die Zeichen gibt, dass es für feste Nahrung bereit ist.
- Setzen Sie Ihr Kind nicht hungrig oder müde an den Tisch.
- Beginnen Sie mit Lebensmitteln, die gut zu greifen sind.
- Bieten Sie pro Mahlzeit nur eine geringe Auswahl an Lebensmitteln an.

Was oben herein kommt, muss unten wieder heraus!

Anders als bei der Fütterung mit Brei haben Eltern nicht genau den Überblick darüber, wie viel das Kind nun wirklich gegessen hat. Daher ist es wichtig, weiter nach Bedarf zu stillen oder die Flasche zu geben. Das Abstillen passiert dann, wie bereits beschrieben, mit der Zeit in einem schleichenden Prozess. Stellt das Kind erst mal fest, welche Lebensmittel schmackhaft sind, und dass sie den Magen füllen, reduzieren sich die Milchmahlzeiten sowie ihre Menge von allein. Einen weiteren Hinweis, dass etwas in den Magen des Babys gelangt ist, gibt einem der Inhalt der Windel, denn die Ausscheidungen verändern sich. Sie werden allgemein etwas fester, dunkler und geruchsintensiver. Zu Beginn kann es noch sein, dass manche Lebensmittel unzerkaut, fast wie im Originalzustand, wieder herauskommen. Das kann beispielsweise bei Erbsen der Fall sein. Dies ist unbedenklich und vollkommen normal. Nährstoffe aus den einzelnen Lebensmitteln werden bereits im Mund über den Speichel aufgespalten und im Körper verwertet.

Bekommt das Kind Zähne und lernt, Lebensmittel nicht nur mit Speichel aufzuweichen, sondern sie zu kauen, zeigt sich der Fortschritt später in der Windel.

Alles auf den Tisch?

Außer einigen wenigen Ausnahmen kann dem Baby alles an Geschmacksrichtungen und Lebensmitteln angeboten werden. Einige wenige Speisen sollten aufgrund gesundheitlicher Bedenken zunächst nicht oder nur in geringen Mengen auf Babys Teller landen. Dazu gehören Nüsse (Erstickungsgefahr), Honig, rohe Fleisch- und Fischspeisen, Salz- oder Zuckerhaltiges sowie Fertiggerichte mit chemischen Zusätzen.

Salz

Ein bei uns sehr gängiges Gewürz ist das Salz. Da die Nieren eines Kindes während des ersten Lebensjahres noch nicht vollständig arbeiten und diese mit zu viel Salz überlastet und geschädigt werden könnten, sollte Salz als zusätzliches Gewürzmittel erst mal nicht dem Essen zugegeben werden. Viele Lebensmittel enthalten versteckt Salz, sodass Sie genauer hinschauen sollten. Das betrifft vor allem Fertiggerichte, Lebensmittel aus Dosen, Fertigsaucen und -suppen, aber auch einige Wasser-, Wurst-, Fisch- und Käsesorten weisen einen hohen Salzgehalt auf. Tabu sind aus diesem Grunde auch »Fast Food«-Gerichte, Ketchup, Sojasauce und einige Gemüsebrühen. Die empfohlene Salzmenge für Babys im Alter unter einem Jahr ist 1 g täglich. Allerdings wird auf den Zutatenlisten der Lebensmittelhersteller oftmals der Begriff Natrium für die Verwendung von Salz benutzt. Da Natrium ein Mineral ist, das zu 40 % in Speisesalz enthalten ist, entspricht 1 g Salz einer Natriummenge von 0,4 g, die pro Tag für Babys verträglich ist.

Honig

Zwar schmeckt er lecker und ist verglichen mit Zucker gesund, kann aber dennoch für Babys und Kleinkinder lebensgefährlich werden. Honig ist ein Naturprodukt und kann Verunreinigungen durch Bakterien wie das *Clostridium botulinum* (Erreger des Botulismus) enthalten. Die Darmflora eines Kleinkindes befindet sich noch im Aufbau, sodass ihm entsprechende Abwehrkräfte fehlen, um mit vielen Bakterien umzugehen. Durch die Vermehrung der Bakterien bilden sich Toxine im Körper, die Lähmungserscheinungen und Schluckstörungen zur Folge haben können. Diese Symptome können auch erst Tage oder Wochen nach der Einnahme auftreten. Für ältere Kinder und Erwachsene ist das Bakterium und somit die Einnahme von Honig unbedenklich.

Rohmilch

Rohmilch ist Milch von Kühen, Ziegen oder Schafen, die nicht pasteurisiert wurde. Dadurch können sich darin Bakterien wie *Salmonellen, Escherichia Coli* oder *Listerien* befinden. Da Rohmilch zu Käse weiterverarbeitet werden kann, sollten Sie bei Käse prüfen, ob es sich um einen Rohmilchkäse handelt. Gängige Käsesorten wie Gouda, Emmentaler oder Parmesan werden meist aus pasteurisierter Milch hergestellt.

Rohe Lebensmittel

Rohe Lebensmittel, Gerichte mit rohem Fisch (Sushi) oder rohem Fleisch (Tartar) und Gerichte mit rohem Ei (Spaghetti carbonara) gehören ebenfalls nicht auf den Speiseplan von Babys. Die Gefahr einer bakteriellen Infektion ist hier genauso groß wie bei Rohmilchprodukten.

Zucker

Raffinierter Zucker ist nicht nur ein Zahnkiller für junge Zähne und ungünstig für spätere Essgewohnheiten, sondern hat auch negative Auswirkungen auf unseren Körper. So stört Zucker das Verdauungssystem, begünstigt Pilzbefall im Darm, schwächt das Immunsystem und ist für Diabetes Typ 2 verantwortlich. Eine Studie der Berliner Charité ergab, dass Menschen mit einem hohen Blutzuckerspiegel schlechtere Gedächtnisleistungen aufweisen als Menschen mit einem niedrigen Zuckergehalt im Blut. Die Universität Hamburg brachte passend dazu eine Studie hervor, die herausfand, dass Kinder, die vermehrt zuckerhaltige Lebensmittel zu sich nahmen, schlechtere Noten erzielten als sich hauptsächlich vollwertig ernährende Kinder. Abgesehen von einem hohen Kaloriengehalt bringt Zucker leider nichts Nahrhaftes mit sich. Den Kindern wird dadurch lediglich ein schnelleres und kurzzeitiges Sättigungsgefühl vermittelt. Deshalb sollte er nicht auf dem Speiseplan der Kleinen erscheinen. Umso erschreckender ist es, zu sehen, wie hoch der Zuckergehalt in einigen Lebensmitteln, Getränken oder auch Gläschen für Babys und Kindern ist. So verstecken sich hinter Namen wie Maltodextrin, Maltose, Fructose, Glukose, Dextrose, Saccherose, Dicksäfte und Sirupe gleichermaßen zuckerhaltige Stoffe, die den Lebensmitteln zugesetzt werden. Gibt man Babys vermehrt zuckerhaltige Lebensmittel, auch wenn es sich um Fruchtzucker handelt, orientieren sich die Geschmacksknospen auch später eher an zuckerhaltigen Speisen. Die Ursache dafür erklärt eine Studie, die am American College of Neuropsychopharmacology in Brentwood gemacht wurde. Dort fanden Wissenschaftler heraus, dass Zucker die gleiche Reaktion wie Morphine und Nikotin im Gehirn auslösen und somit süchtig macht.[1] Umso wichtiger ist es, den Babys vermehrt herzhafte Lebensmittel anzubieten.

---

1 http://www.acnp.org/search.aspx?q=sugar

Diät- und Light-Produkte

Bei Light-Produkten werden zwar Fett und Zucker reduziert, allerdings durch Aromastoffe, Bindemittel und Zuckeraustauschstoffe kompensiert. Diese Produkte enthalten gesundheitsschädliche Nahrungsmittelzusätze und das nicht nur für Kleinkinder. Aspartam, auch als NutraSweet bekannt, ist eines der gängigsten künstlich hergestellten Süßungsmittel, die sich in Light- und Diät-Produkten wieder finden lassen. Studien fanden heraus, dass Aspartam Auswirkungen auf den Serotoninspiegel im Gehirn hat und zu Depressionen führen kann. Außerdem sollen die künstlichen Zuckerstoffe dafür verantwortlich sein, dass sich die Nierenleistung bei regelmäßigem Verzehr verschlechtern. Weitere Studien der European Ramazzini Foundation of Oncology and Environmental Sciences belegen Vergleichbares und fanden zusätzlich heraus, dass der Konsum zu krebsartigen Tumoren, Leukämie und zu Nervenschäden führen kann.[2]

Konservierungs- und Zusatzstoffe

Einige unserer Lebensmittel enthalten Zusatzstoffe wie Geschmacksverstärker, Farb- oder Konservierungsstoffe (auch als E-Nummern bekannt). Bislang sind die Auswirkungen auf unsere Körper noch nicht komplett erforscht und somit sind sie nicht unbedenklich für Kleinkinder. Eine Studie der Universität Southampton enthüllte kürzlich, dass synthetische Azofarbstoffe oder Chinolingelb, die zum Färben von Getränken, Süßigkeiten und Essknete genutzt werden, negative Auswirkung auf die Konzentrationsleistung bei Kindern zeigte. Außerdem wurde bei diesen Kindern eine zunehmende Hyperaktivität im Verhalten festgestellt. Trotz dieser Erkenntnisse werden diese Stoffe weiterhin in Lebensmitteln eingesetzt.[3]

---

2 http://www.ncbi.nlm.nih.gov/pmc/articles/PMC1392232/

3 http://www.vzsh.de/Riskant-gefaerbte-Suessigkeiten-von-Kindern-und-Allergikern-fernhalten

Die bedenklichen E-Nummern sind:

E102 – Tartrazin
E104 – Chinolingelb
E110 – Gelborange S (Sunset-Yellow)
E122 – Azorubin
E124 – Cochenillerot A
E127 – Erythrosin
E129 – Allurarot
E280 – Propionsäure
E281 – Natriumpropionat
E282 – Kalziumpropionat
E283 – Kaliumpropionat

Fisch

Einige Fischsorten enthalten einen zu hohen Quecksilbergehalt. Dazu gehören laut der amerikanischen Gesundheitsbehörde FDA (Food and Drug Administration) Hai, Schwertfisch, Königsmakrele und Torpedobarsch. Quecksilber hat eine toxische Wirkung auf den Körper und kann ihn in vielen Bereichen schädigen. Thunfisch und Lachs hingegen haben nur einen geringen Quecksilberanteil und können bedenkenlos einmal pro Woche gegessen werden.[4]

Proteine oder Eiweiß

Eiweißstoffe, auch Proteine genannt, sind für den Körper unverzichtbare und wichtige Nährstoffe, die für den Muskel- und Zellaufbau, Stoffwechselvorgänge und die Abwehr von Krankheiten benötigt werden. Doch wie sieht es mit einer überhöhten Einnahme von Proteinen aus? Die Langzeitstudie DONALD des Forschungsinstituts für Kinderernährung in Dort-

4 http://www.fid-gesundheitswissen.de/ernaehrung/fisch/quecksilber-in-fisch/

mund fand einen Zusammenhang zwischen einem erhöhten Eiweißkonsum in den ersten 24 Lebensmonaten und eines erhöhten Übergewichtsrisikos im Alter von 7 Jahren[5]. Prof. Dr. Berthold Koletzko von der Universität München kam in seiner Studie auf das gleiche Ergebnis. Den Studienergebnissen zufolge enthalten industriell gefertigte, ergänzende Nahrungsmittel für Kleinkinder wie Abendbreie und Säuglingsnahrung höhere Proteinwerte als empfohlen.[6] Als Richtwert wird maximal 1 g pro kg Körpergewicht des Kindes am Tag empfohlen. Muttermilch ist weniger eiweißreich als Pre-Milch, die dreimal mehr Eiweißstoffe enthält. Babys, die sich zu Beginn noch überwiegend von Flaschennahrung ernähren, sollten nur beschränkt auf eiweißhaltige Produkte, wie Ei, Kuhmilchprodukte, Fleisch, Wurst und Fisch, zurückgreifen. Folglich wird auch Müttern geraten, die ihre Kinder zu Beginn der Beikost überwiegend stillen, auf einen übermäßigen Eiweißkonsum zu verzichten.

Die folgende Tabelle der Lebensmitteldatenbank »Fddb« bringt Aufschluss darüber, wie viel Gramm Eiweiß pro 100 g/ml ein Lebensmittel enthält:

Parmesan 35 g
Gouda 35 g
Rote Linsen 25 g
Putenfleisch 24 g
Thunfisch 24 g
Hähnchenfleisch 23 g
Mandelmus 23 g
Thunfisch 23 g
Garnelen 20 g
Muscheln 19 g
Lachs 18 g
Tofu 16 g
Ei 13 g
Fischstäbchen 13 g

5 http://www.vzsh.de/Riskant-gefaerbte-Suessigkeiten-von-Kindern-und-Allergikern-fernhalten

6 http://www.vzsh.de/Riskant-gefaerbte-Suessigkeiten-von-Kindern-und-Allergikern-fernhalten

Schinkenwurst 13 g
Magerquark 12 g
Frischkäse 5 g
Joghurt 4 g
Kuhmilch 3 g
Pre-Milch 2,8 g
Muttermilch 1 g

Koffein und Alkohol

Es versteht sich von selbst, dass Kinder kein Koffein oder alkoholische Lebensmittel und Getränke zu sich nehmen sollten.

Kurz und knapp: Was soll nicht auf den Tisch?

!

- Salz (max. 1 g pro Tag)
- Honig
- Rohmilchprodukte
- rohe Lebensmittel
- Zucker
- Diät- und Light-Produkte
- Zusatzstoffe, Konservierungsstoffe, Geschmacksverstärker
- Fischsorten mit zu hohem Quecksilbergehalt
- Eiweiß (max. 1 g Eiweiß pro kg Körpergewicht pro Tag)
- koffeinhaltige und alkoholische Produkte

Darf es auch mal scharf sein?

In den asiatischen Ländern gehören scharfe Lebensmittel zum Alltag. Gerade in warmen Ländern werden Speisen scharf zubereitet, da so das Wachstum von Bakterien gehemmt wird, die Speisen länger haltbar sind und diese dadurch genießbar bleiben. Es kann also krankheitsvorbeugend und durchaus gesund sein, solange man es mit der Schärfe nicht übertreibt. Für die Schärfe in Gemüse und Gewürzen sind Capsaicinoide verantwortlich. Eine akzeptable Grenze sind laut Bundesinstitut für Risikobewertung 5 mg pro kg Körpergewicht. Bei zu viel Schärfe können Schleimhautreizungen, Erbrechen und Übelkeit die Folge sein. Zudem kann der Babypo wund werden. Ist das Kind die Schärfe nicht schon durch die Muttermilch gewöhnt, sollten Sie sich nur langsam an scharfes Gemüse herantasten. Lebensmittel, die eine leichte Schärfe mitbringen und gesund sind, sind zum Beispiel Ingwer, Meerrettich und Knoblauch. Einige Kinder, deren Mütter gerne schärfere Lebensmittel zu sich nehmen, bevorzugen ebenfalls würzige Speisen und Getränke. Es ist daher nicht falsch einem Kind etwas frisch aufgebrühten Ingwertee oder das Brot mit Meerrettich-Frischkäsecreme anzubieten.

Allergien und ihre Irrtümer

Die Empfehlungen, was allergievorbeugend sei und wie Allergien zu vermeiden seien, werden immer noch sehr kontrovers diskutiert. Das Bundesministerium für Ernährung und Landwirtschaft spricht sich allerdings dafür aus, schon im ersten Lebensjahr mit allen Lebensmitteln in Kontakt zu kommen. Auf diese Weise kann sich der Körper langsam an alle Nahrungsmittel gewöhnen. Studien haben gezeigt, dass ein spätes Einführen von allergieauslösenden Lebensmitteln keineswegs das Allergierisiko senkt oder einen möglichen Schutz gewähren kann. Deshalb können potentiell allergene Nahrungsmittel wie Kuhmilchprodukte, Ei, Fisch, Nüsse, Soja, Tomaten, Erdbeeren und Zitrusfrüchte unbedenklich auf den Speiseplan und unter dem Schutz der Muttermilch eingeführt werden. In weiteren Studien ist sogar der Hinweis gefunden worden, dass Fischkonsum im ersten Lebensjahr einen schützenden Effekt bezüglich der Entwicklung von Allergien haben soll.

Dennoch kann es vorkommen, dass eine allergische Reaktion, wie Hautirritationen, eine veränderte Verdauung oder Atmung, auf ein bestimmtes Nahrungsmittel auftritt. Ein genaues Beobachten und eine behutsame

Einführung einiger bedenklicher Lebensmittel sind bei allergiebelasteten Familien erforderlich. Sollten Sie den Verdacht einer Unverträglichkeit feststellen, streichen Sie das bestimmte Lebensmittel zunächst vom Speiseplan und probieren es einige Zeit später nochmal. Bei größeren Bedenken oder Ängsten konsultieren Sie einen Arzt.

Was muss alles auf den Tisch?

Diese Frage ist leicht zu beantworten. Denn alles, was gesund und lecker ist, ist erlaubt und erwünscht. Wie für uns Erwachsene sollten die Lebensmittel ausgewogen, abwechslungsreich und frisch sein. Erst wenn sich das Kind in dem Alter befindet, in dem es eindeutig weniger Milch einfordert (meist um den 9. Monat herum), ist es wichtig darauf zu achten, dass es ausreichend Obst, Gemüse, kohlenhydrat- und proteinreiche Nahrung sowie genügend Kalzium, Eisen, Zink und Fette erhält.

Kalzium

Die Deutsche Gesellschaft für Ernährung empfiehlt, dass Babys täglich 500 mg Kalzium zu sich nehmen sollten. Milchprodukte haben nicht den höchsten Kalziumgehalt. Samen und einige Gemüsesorten enthalten weit mehr Kalzium als Milchprodukte. Die folgende Tabelle[7] bringt Aufschluss darüber, wie viel Kalzium pro 100 g/ml ein Lebensmittel enthält:

Gemüse

Champignons 200 mg !
Gekochter Grünkohl 160 mg
Brokkoli 113 mg
Fenchel 109 mg

---

7 http://www.remifemin.de/calciumtabelle.html

Weiße Bohnen 105 mg
Kichererbsen 110 mg
Sellerie 80 mg
Kohlrabi 67 mg
Sauerkraut 50 mg
Wirsing 42 mg
Möhren 33 mg

Brot

Vollkornbrot 50 mg
Weizentoast 32 mg
Pumpernickel 22 mg
Roggenvollkorn 22 mg

Milchprodukte

Buttermilch 120 mg
Joghurt 120 mg
Kefir 120 mg
Kuhmilch (1,5 % Fett) 118 mg
Quark (Magerstufe) 100 mg
Schlagsahne 75 mg

Käse

Parmesan 1.335 mg
Bergkäse (50 % F.i.Tr.) 1.000 mg
Gouda (30 % F.i.Tr.) 1.000 mg
Emmentaler (45 % F.i.Tr.) 1.000 mg
Schmelzkäse 575 mg

Nüsse und Früchte

Mohn 1.400 mg
Sesamsamen 740 mg
Hagebutte 257 mg
Mandeln 252 mg

Haselnüsse 225 mg
Amarant 214 mg
Getrocknete Feigen 190 mg
Walnüsse 90 mg
Rosinen 80 mg
Oliven 80 mg
Apfelsinen 50 mg
Kiwi 38 mg
Himbeeren 31 mg

Eisen

Eisen und Zink sind weitere wichtige Nährstoffe, die ein Baby zusätzlich ab dem 6. Monat über die feste Nahrung erhalten sollte, da Eisen während der Wachstumsphase vermehrt im Körper gebraucht wird. Es ist für den Sauerstofftransport zum Gehirn, die Blutbildung und für einige Stoffwechselvorgänge im Körper wichtig. Anzeichen dafür, dass ein Kind unter Eisenmangel leiden könnte, sind Abgeschlagenheit, Blässe, Appetitlosigkeit, eingerissene Mundwinkel sowie spröde Lippen, brüchige Fingernägel und Haare. Eisen findet sich nicht nur in Fleisch, sondern auch in Fisch, Eiern, grünem Gemüse, Hülsenfrüchten, Tofu und Getreidesorten wie Hirse, Amarant und Weizenkleie.

Vielleicht wundern Sie sich, dass bei Eisenmangel Fleisch empfohlen wird, da im Gegensatz zu Getreide und Hülsenfrüchten Fleisch einen geringeren Eisenwert aufweist. Das liegt daran, dass Eisen aus tierischen Produkten besser vom Körper aufgenommen wird als Eisen, das in Getreide und Gemüse vorhanden ist. Eisen in Getreidesorten und Gemüse braucht Vitamin C, um vom Körper aufgenommen zu werden. Die Aufnahme von Eisen wird dagegen in Kombination mit Kalzium verhindert. Deshalb sollten Vegetarier möglichst vitamin-C-haltiges Gemüse und Obst zum Getreide essen und kalziumhaltige Produkt in der Kombination vermeiden.

Lebensmittel, die laut Lebensmitteldatenbank »Fddb« einen hohen Eisenwert haben:

Fleisch

Blutwurst 17 mg
Leberwurst 6 mg
Rindfleisch 2 mg
Kalbfleisch 1,7 mg
Schweinefleisch 1,2 mg
Geflügel 0,8 mg

Fisch

Thunfisch 1 mg
Lachs 0,2 mg

Kräuter und Gewürze

Zimt 38 mg
Thymian 20 mg
Pfefferminze 9,5 mg
Basilikum 5,5 mg
Dill 5,5 mg
Salbei 4,7 mg
Petersilie 3,6 mg

Gemüse

Pfifferlinge 6,5 mg
Weiße Bohnen 6,2 mg
Rote Linsen 5,5 mg
Spinat 3,5 mg
Fenchel 2,7 mg
Erbsen 1,5 mg
Artischocken 1,5 mg
Champignons 1,2 mg
Schnittlauch 1,9 mg
Rote Beete 0,8 mg
Brokkoli 0,8 mg
Ingwer 0,5 mg

Blumenkohl 0,4 mg
Möhren 0,4 mg
Paprika 0,4 mg
Tomaten 0,3 mg
Gurke 0,2 mg

Obst

Schwarze Johannisbeeren 1,3 mg
Himbeeren 1 mg
Brombeeren 0,9 mg
Aprikosen 0,7 mg
Erdbeeren 0,6 mg

Nüsse und Kerne

Kürbiskerne 12,5 mg
Sesam 10 mg
Mohn 9,5 mg
Pinienkerne 5,2 mg
Sonnenblumenkerne 5,7 mg
Haselnüsse 3,4 mg

Getreide

Weizenkleie 16,4 mg
Hirse 9 mg
Quinoa 8 mg
Haferflocken 5,8 mg
Amarant 5 mg
Reis 3,2
Roggenbrot 2,3

Sonstige Lebensmittel

Zuckerrübenkraut/-sirup 14 mg
Hühnerei 1,8 mg

Kohlenhydrate

Kohlenhydrate sind für die Energieversorgung im Körper relevant. Sie sind unter anderem in Naturreis, Kartoffeln, Vollkornnudeln, Brot und anderen Weizenprodukten, wie Bulgur und Couscous, sowie in vielen Gemüse- und Obstsorten enthalten.

Proteine oder Eiweißstoffe

Proteine übernehmen sehr unterschiedliche Aufgaben im Körper, die für die Bewegung des Skelett- und Muskelsystems wichtig sind. Bei Infektionen wehren Proteine schädliche Eindringlinge im Körper ab und fungieren als Antikörper. Deshalb gehören Proteine zu den essentiellen Nährstoffen, die der Körper benötigt. Allerdings ist auf einen überhöhten Konsum zu achten, da dieser zu einem Übergewichtsrisiko bei Kindern führen kann.

Proteinreiche Lebensmittel sind zum Beispiel Fisch, Fleisch, Eier und Käse. Tofu, Quinoa, Nüsse und Hülsenfrüchte sind vegane Lebensmittel mit vielen wichtigen Proteinen.

Gesunde Fette

Einige Fette sind für die Entwicklung des Gehirns und anderer Organe nötig. Diese Fette sind in Avocado, Rapsöl, Kokosöl, Leinöl, einigen fettigen Fischsorten, Nüssen und Samen enthalten. Obwohl Olivenöl zu den gesunden Ölen zählt, ist es für Babys und Menschen mit Verdauungsproblemen aufgrund langer Fettsäureketten schwerer zu verdauen. Kokosöl, Leinöl und Rapsöl hingegen belasten kaum Pankreas, Leber und Galle. Diese Organe befinden sich bei Babys noch in voller Entwicklung und sollten nicht zusätzlich durch Fette, wie sie beispielsweise in frittierten Lebensmitteln enthalten sind, belastet werden.

Vegane und vegetarische Kost

Viele Familien ernähren sich vegetarisch oder vegan und möchten auch, dass ihre Kinder sich auf diese Weise ernähren. Wenn Sie das vorhaben, sollten Sie dafür Sorge tragen, dass Ihr Kind alle wichtigen Nährstoffe erhält, die es sonst über tierische Lebensmittel aufnehmen würde. Wie den Tabellen zu entnehmen ist, liefern Tofu, Getreidesorten, Hülsenfrüchte und einige Gemüsesorten teilweise mehr Eisen und Proteine als tierische Lebensmittel. Allerdings können diese nicht so leicht vom Körper aufgenommen werden. Wie oben erwähnt, lässt sich Eisen zum Beispiel besser in Verbindung mit Vitamin C aufnehmen. Kalziumreiche Lebensmittel in Kombination mit Eisenprodukten hindern die Aufnahme von Eisen im Körper. Egal für welche Ernährungsweise sich Familien entscheiden, es kommt darauf an, die Lebensmittelkombination richtig zu wählen, damit die Ernährung ausgewogen und nährstoffreich ist.

Gemüse-Nuggets

Bananen-Apfel-Mango

Möhren-butter

Himbeer-Lamlam

Tomaten-Streich

Aufstrich

Mini-Blaubeeren-Pfannkuchen

Sesam-Möhren-Pommes

Mandel-Mango-Müsliriegel

Oliven-Lachs-Ecken

Rösti mit Apfelmus

Exotisch-fruchtiges Quinoa

Muschelnudeln mit Ziegenkäse und Birne

Spaghetti-Nester

Brokkoli-Suppe

Spinat-Gnocchi mit Nordseekrabben

Hähnchen-Nuggets

Homemade Cheeseburger

Feigenauflauf

Bananen-Brot

Rezepte

Diese Rezepte wurden von unseren Freunden und Familie, die ihre Kinder breifrei ernähren, zu den favorisierten Gerichten und Snacks gewählt. Im Alltag lassen sie sich schnell und ohne größeren Aufwand umsetzen, die Vielfalt der Rezepte bietet ein breites Spektrum an Geschmacksrichtungen, die Gerichte sind vitamin- und mineralstoffreich und das Baby wird seine Freude an den verschiedenen Beschaffenheiten der Lebensmittel haben. Die Rezepte sollen als Vorschlag verstanden werden und können beliebig durch neue Zutaten ergänzt oder ausgetauscht werden. Benutzen Sie frische, saisonale und biologisch angebaute Produkte. Bio-Lebensmittel sind zwar teurer als konventionelle Lebensmittel, dafür ist der Geschmack intensiver, sie enthalten mehr Vitamine und Ballaststoffe und Sie können sich sicher sein, dass die Lebensmittel mit keinerlei giftigen Pestiziden gespritzt oder die Tiere mit Hormonspritzen und synthetischen Futterzusätzen gemästet worden sind. Es muss nicht täglich Fleisch auf dem Speiseplan stehen.

Wenn beide Eltern berufstätig sind fehlt es oft an Zeit, um Gerichte schnell zubereiten zu können. Dafür lassen sich einige Gerichte, Saucen oder Suppen gut in größeren Portionen vorkochen und einfrieren, die bei Bedarf schnell aufgetaut werden können. Um Gemüse schnell und ohne großen Aufwand zuzubereiten, kaufen Sie gefrorenes Gemüse und Kräuter, die sich ebenfalls schnell auftauen lassen. Im Handel sind sogar Bio-Gemüsesorten in verschiedenen

Variationen erhältlich. Das erleichtert das gesunde Kochen sehr.

Damit Sie jetzt direkt mit Breifrei beginnen können, hier noch einige Tipps. Denn auch für erfahrene Köche kann das Kochen eine neue Herausforderung bedeuten, wenn ein Baby da ist. Oft bleibt nicht viel Zeit für die Vorbereitung der Gerichte sowie zum Kochen selbst. Deshalb sollten die Gerichte schnell zubereitet werden können. Einige Kinder fordern die komplette Aufmerksamkeit der Eltern ein und das tägliche, frische Zubereiten kann zum Abenteuer werden.

Wer das Baby nicht für kurze Zeit mit einem interessanten Spielzeug beschäftigt bekommt, dem hilft möglicherweise ein Tragetuch, das man mit Hilfe eines Slingsystems auf der Hüfte oder auf den Rücken binden kann. Das Kind hat auf diese Weise die körperliche Nähe des kochenden Elternteils und kann gleichzeitig sehen, was in der Küche passiert. Eine andere Möglichkeit das Essen vorzubereiten ist, das Kind in einen Hochstuhl zu setzen, während man das Essen am Küchentisch schneidet. Die Voraussetzung dafür ist, dass es schon selbstständig sitzen kann.

Alles für aufs Brot

Vielfältig sind die Variationen, die einem Baby auf sein Frühstücks- oder Abendbrot geschmiert werden können. Einige gesunde, im Handel erhältliche Aufstriche sind:

- Frischkäse
- Hüttenkäse
- Leberwurst (natriumarm)
- Mandelmus
- Kokosöl
- Humus
- Avocado
- vegetarische Brotaufstriche (salzarm)
- Zuckerrübenkraut (sehr eisenreich)

In den Anfängen von Breifrei klappt es am besten, wenn dem Baby Brotstreifen angeboten werden. Am unteren Ende angepackt, fällt es dem Baby leichter, sein Brot zu essen. Wenn es den Pinzettengriff beherrscht, kann das Brot in kleine Stücke geschnitten werden. Es wird Freude am Auflesen seiner Brotstücke haben.

Brot ist auch nicht gleich Brot. Im Rahmen einer gesunden Ernährung sollten dem Baby möglichst Vollkornprodukte und wenig Brot aus hellem Mehl angeboten werden. Helles Mehl besteht größtenteils aus

Stärke und enthält kaum Vitamine und Ballaststoffe.

Die folgenden Brotaufstriche lassen sich einfach und schnell Zuhause zaubern und schmecken nicht nur dem Baby.

Tomatenstreich **

für 5 Portionen

Der Tomatenstreich schmeckt warm wie kalt auf einem getoasteten Landbrot. Im Kühlschrank aufbewahrt, hält er sich einige Tage in einem verschlossenem Glas.

1 Zwiebel
1 Knoblauchzehe
2 EL Walnussöl
3 Tomaten
150 g Tomatenmark
2 TL Reissirup
3 EL gehacktes Basilikum
1 EL gehackte Petersilie

Zwiebeln und Knoblauch schälen und klein schneiden. Die Tomaten mit heißem Wasser abbrühen bis sich die Schale löst. Tomaten schälen und würfeln. Eine Pfanne mit etwas Walnussöl erwärmen und die fein gehackten Zwiebeln darin glasig dünsten. Knoblauch, Tomaten, Tomatenmark und Reissirup dazugeben und für 2 Minuten weiterbraten. Zum Schluss die Kräuter hinzufügen und mit einem Mixstab pürieren.

Bananen-Apfel-Mango-Aufstrich *

für 3 Portionen

Dieser Brotaufstrich ist schnell gemacht, schmeckt und ist eine gesunde Alternative zu Marmelade.

1 Banane
1 Apfel
½ Mango
1 EL Frischkäse

Das Obst schälen und in einem Mixer zu Mus verarbeiten. Frischkäse drunter heben und als Brotaufstrich servieren.

Kichererbsen-Ingwer-Humus **

für 5 Portionen

Dieser Humus eignet sich besonders, um den Eisenhaushalt aufzustocken. Er hält im Kühlschrank mindestens zwei Tage und ist als Aufstrich oder Dip für Gemüsesticks und Brot geeignet.

1 Tasse Kichererbsen
2 Knoblauchzehen
1 kleines Stück Ingwer
1 Bund Petersilie

1 Bund Koriander
1 EL Sesammus (Tahin)
4 EL Olivenöl
2 EL frisch gepresste Zitrone

Kichererbsen nach Anleitung gar kochen. Kräuter und Ingwer waschen und trocken schütteln. Kichererbsen, Knoblauch, Ingwer und Kräuter im Mixer mixen. Nach und nach Olivenöl, Zitronensaft und Sesammus hinzufügen, bis ein streichfeines Püree entsteht. Bis zum Servieren kalt stellen.

Auberginen-Püree **

für 5 Portionen

Der leckere Brotaufstrich passt auch gut als Beilage zu Grillfleisch und Gemüse. Das im Gericht enthaltene Leinsamenöl wirkt positiv auf die Knochenmineraldichte und das Koriandergrün liefert eine Extraportion Eisen, Zink und Magnesium.

1 Aubergine
2 EL Leinsamenöl
2 Knoblauchzehen
2 EL Koriandergrün
½ Zitrone
1 Prise Salz und Pfeffer

Die Aubergine 30 Minuten bei 200 °C im Backofen backen, bis sie weich ist. Nach dem Abkühlen, das Fruchtfleisch auslöffeln und mit der Gabel pürieren. Knoblauch und Koriander klein hacken und zur pürierten Aubergine geben. Alles mit Zitronensaft und Öl vermischen. Vor dem Servieren abkühlen lassen und mit Salz und Pfeffer abschmecken.

Möhrenbutter **

für 8 Portionen

Die Butter eignet sich hervorragend als Brotaufstrich oder zum Grillen. Dazu große Champignons entstielen und mit der Butter gefüllt grillen. Veganer ersetzen die Butter durch Alsan, eine aus Pflanzen gewonnene Margarine.

200 g Möhren
120 g Alsan (oder Butter)
100 g Tomatenmark
1 kleine Zwiebel

Die Möhren waschen, schälen und raspeln. Zwiebel fein hacken. Das Ganze mit Butter und Tomatenmark vermischen. Nach Bedarf noch mit einem Mixstab pürieren.

Erdbeer-Aufstrich *

für 3 Portionen

Der fruchtiger Aufstrich eignet sich auch ohne Frischkäse hervorragend zum Dippen von Brotstreifen.

50 g Erdbeeren
100 g Frischkäse

Erdbeeren waschen und grüne Stängel entfernen. Frischkäse und Erdbeeren mit einem Pürierstab zu einer Masse mixen. Den Erdbeer-Aufstrich vor dem Servieren für einige Minuten im Kühlschrank kalt stellen.

Himbeer-Lamlam **

für 3 Portionen

So hieß der Himbeeraufstrich bei unserem Kind, der wie Himbeermarmelade aussieht, süß schmeckt und außer Himbeeren keine weiteren Zutaten benötigt. Reife Bananen bieten sich ebenfalls gut als Brotaufstrich an.

100 g Himbeeren

Die gewaschenen Himbeeren mit einer Gabel zerdrücken und auf ein Stück Vollkornbrot streichen.

Mandelmus-Bananen-Aufstrich **

für 3 Portionen

Mandelmus enthält viel Eisen und kann in Kombination mit dem Vitamin C der Banane gut vom Körper aufgenommen werden. Mandelmus ist im Reformhaus, Bioladen und in Drogeriemärkten erhältlich.

2 EL Mandelmus
1 Banane

Die Banane mit einer Gabel zerkleinern und mit dem Mandelmus vermischen.

LeberVurst **

für 8 Portionen

Eigentlich handelt es sich bei diesem Rezept nur um einen herzhaften veganen Aufstrich, der dem Geschmack von Leberwurst ähnelt. Dadurch erhielt das Rezept den Namen vegane Leberwurst oder eben LeberVurst.

200 g geräucherter Tofu
1 Dose Kidneybohnen
1 kleine Zwiebel
3 EL Olivenöl
1 TL krause Petersilie
2 TL Majoran
1 Prise Salz und Pfeffer

Die Kidneybohnen waschen, den Tofu zerbröseln und die Zwiebeln und Gewürze klein hacken. Mit dem Öl, Salz und Pfeffer in der Küchenmaschine oder dem Mixer zu einer stückigen Masse verarbeiten.

Frühstück

Die folgenden Frühstücksideen sind weitere Alternativen, um Ihrem Baby unterschiedliche Geschmacksrichtungen und Beschaffenheiten anzubieten. Diese haben sich auch als Zwischenmahlzeit oder Snack für unterwegs bewährt.

Mini-Blaubeeren-Pfannkuchen *

für 8 Stück

Die Pfannkuchen lassen sich mit jeder beliebigen Obstsorte verfeinern. Blaubeeren sind reich an Mangan, Kalium, Vitamin C und Eisen. Mangan ist für den Aufbau gesunder Knochenstrukturen im Körper verantwortlich und beeinflusst die Drüsenfunktion und den Blutzuckerspiegel positiv.

300 g Dinkelmehl
2 Eier
100 ml Milch
100 ml Sprudelwasser
200 g Blaubeeren
1 EL Rapsöl

Die Blaubeeren waschen und abtrocknen. Mehl, Eier, Milch und Sprudelwasser in einer Schüssel zu einem glatten Teig vermischen. Die Blaubeeren hinzufügen, mit einer Gabel im Teig zerdrücken und vermischen. Das Öl in der Pfanne erhitzen. Etwas Teig in die Pfanne geben und kleine runde Pfannkuchen backen. Wenn der Teig auf der einen Seite fest ist, einmal wenden. Die fertigen Pfannkuchen warm servieren.

Tipp: *Pfannkuchen lassen sich gut auf Vorrat backen und einfrieren. Auf dem Toaster sind die kleinen Pfannkuchen schnell aufgetaut.*

Gemüseomelett *

für 3 Omelette

Das Omelett kann fürs Kind mundgerecht geschnitten werden und ist aufgrund der vielen Vitamine und Kräuter eine gesunde Alternative zu einem Stück Brot.

5 Eier
1 kleine Zwiebel
3 EL Milch
100 g Tomaten
1 gelbe Paprika
1 EL TK-Italienische Gewürzmischung
2 EL Rapsöl
1 Prise Salz

Die Zwiebel schälen und in dünne Scheiben schneiden. Die Paprika und Tomaten waschen, vom Stielansatz befreien und in dünne Streifen schneiden. Etwas Rapsöl in eine Pfanne geben und erhitzen. Die Zwiebeln, Tomaten- und Paprikastreifen 5 Minuten in der Pfanne garen. In der Zeit die Eier, Milch und die Kräutermischung verquirlen. Mit einer Prise Salz verfeinern. Die Eiermischung über das Gemüse gießen und einige Minuten stocken lassen. Nach 5 Minuten in der Pfanne wenden und warm servieren.

ა

Rührei mit Tomaten-Parmesan *

für 3 Portionen

Das weiche und krümelige Rührei ist für Breifrei-Anfänger leicht zu greifen und gut zu zerkauen. Die Haut der Tomate ist für Babys schwer zu verarbeiten, deshalb sollte diese aus dem fertigen Rührei genommen werden. Da der Parmesan sehr salzhaltig und eiweißreich ist, sollte das Baby nur geringe Mengen vom Käse kosten.

4 Eier
100 ml Milch
½ Bund Schnittlauch
4 Kirschtomaten
50 g geriebenen Parmesan
20 g Butter

Die Eier mit etwas Milch verquirlen. Schnittlauch und Tomaten waschen und trocknen. Schnittlauch in feine Röllchen schneiden. Tomaten vierteln. Den Schnittlauch unter die Eiermasse geben und alles in eine Pfanne mit etwas Butter geben. Nachdem die Eiermasse angebraten ist, die Tomaten dazugeben und mit Parmesan bestreut servieren.

ა

Müsli *

Müsli ist einfach selbstgemacht und kann je nach Bedarf und Vorlieben des Kindes zusammengestellt werden. Für Essanfänger bieten sich gepoppter Amarant oder Quinoa, mit zuckerfreien Cornflakes, Buchweizenflakes, etwas geschroteten Leinsamen, zarte Haferflocken und weiches Obst, wie Bananen, Himbeeren oder Birnen, an. Ist das Kind erfahrener und weiß den Pinzettengriff anzuwenden, können auch Rosinen in das Müsli gemischt werden. Müsli in dieser Kombination enthält das komplette Spektrum essentieller Aminosäuren (also das vollständige Proteinspektrum), Eisen und Vitamine. Damit die Eisenaufnahme nicht durch zu viel Kalzium aus der Milch gebremst wird, kann das Müsli auch mit heißem Wasser und einer geringen Menge Milch oder nur mit frisch gepresstem Orangensaft angemischt werden. Ergänzend kann ein Teelöffel Kokosöl unter das Müsli gegeben werden. Mit Wasser angemischt gibt es dem Müsli einen exotischen Geschmack und liefert weitere gesunde Fettsäuren. Sollte das Müsli für Anfänger zu körnig sein, kann es kurz mit einem Mixer zerkleinert werden. Da Müsli dickflüssig ist, eignet es sich für die ersten Essübungen mit dem Löffel. Die Erfolgserlebnisse, die das Kind während des Essens macht, motiviert es weiterhin selbstständig mit dem Löffel zu essen.

Gemüse- und Obst-Smoothies

Grüne Smoothies sind eine gute Alternative zum gekochten Gemüse. Sie können als Zwischenmahlzeit für unterwegs oder zum Frühstück getrunken werden. Ein Smoothie enthält viele Vitamine, Mineralien und Nährstoffe, die gerade die Kleinsten benötigen, um gesund heran zu wachsen.

Da Smoothies unkompliziert und schnell hergestellt sind, keine bestimmte Reihenfolge der Zugaben der Zutaten zu beachten ist, werde ich im Folgenden mögliche Kombinationen vorstellen, die bei meiner Familie gut angekommen sind. Sie sollten beachten, dass der Fruchtanteil den Gemüseanteil zu 10 % überwiegen sollte, und dass möglichst alles lange gemixt wird, um den Smoothie schön »smooth« zu bekommen. Eine bessere und leichtere Alternative sind Saftmaschinen; diese ersparen langes Mixen und holen direkt den eigentlichen Saft aus den Lebensmitteln. Zum Schluss sollte der Smoothie für einige Zeit kühl gestellt werden, denn so schmeckt er am besten. In Thermoskannen können sie unterwegs genossen werden.

Je nach Vorlieben können Sie ihrer Fantasie freien Lauf lassen und ihre eigenen Smoothies zusammenstellen.

Hier einige Kombinationsmöglichkeiten:

Gurke-Apfel-Smoothie **

für 2 Portionen

½ Gurke
1 Apfel
½ Banane

Möhre-Apfel-Orange-Smoothie **

für 2 Portionen

3 Möhren
1 Apfel
1 Orange

Grünkohl-Kiwi-Smoothie **

für 2 Portionen

3 Blätter Grünkohl
1 Kiwi
1 Banane
1 Papaya
etwas Wasser

Rote-Beete-Smoothie **

für 2 Portionen

2 Knollen rote Beete
5 Pflaumen
2 Orangen

Spinat-Mango-Smoothie **

für 2 Portionen

150 g Blattspinat
1 Mango
1 Banane

Pink-Smoothie **

für 2 Portionen

250 g Erdbeeren
½ Kohlrabi
1 Knolle rote Beete
½ Papaya

Kiwi-Banane-Mango-Smoothie **

für 2 Portionen

1 Kiwi
1 Banane
1 Mango
100 ml Apfelsaft
5 Minzblätter

Avocado-Kiwi-Apfel-Smoothie **

für 2 Portionen

1 reife Avocado
1 Apfel
½ Limette
1 Kiwi

Beeren-Smoothie *

für 2 Portionen

50 g Himbeeren
100 g Heidelbeeren
5 Erdbeeren
100 ml Milch

Snacks für zwischendurch und unterwegs

Industriell hergestellte Snacks sind oft nicht sehr nährstoffreich, kosten auf die Menge gesehen mehr Geld als selbst hergestellte Snacks und sind für kleinere Kinder nicht immer leicht zu essen. Es hilft ungemein, zu wissen, dass Snacks, die unterwegs als Mahlzeit eingesetzt werden, gesund, nährstoffreich und leicht zu essen sein sollten. Welche Möglichkeiten Sie fernab von Obst- und Breigläschen haben, stellen die folgenden Snackideen dar. Viele Rezepte lassen sich in größeren Mengen herstellen und einfrieren. So können Sie diese je nach Bedarf auftauen oder gekühlt als Zwischenmahlzeit für unterwegs einpacken.

Crostinies **

für 30 Stäbchen

Crostinies sind schnell hergestellt und gut geeignet für unterwegs. Mit Leinsamen lassen sich die Crostinies geschmacklich variieren.

200 g Vollkornmehl
7 g Trockenhefe
4 EL Sesam

2 EL Rapsöl
1 Prise Salz

Den Backofen auf 220 °C vorheizen. Mehl, Hefe und Sesam in eine Schüssel geben. Etwas lauwarmes Wasser und Rapsöl zum Mehlgemisch hinzufügen und einen elastischen Teig kneten. Den Teig für 30 Minuten an einem warmen Ort gehen lassen, bis sich sein Volumen verdoppelt hat. Teigstückchen nehmen und dünne Stangen formen. Die Stangen auf ein Backblech legen und 15 Minuten knusprig goldbraun backen.

Eisen-Powerriegel **

für 15 Riegel

Amarant und Haferflocken sind reich an Eisen, Proteinen und Vitamin B. In Kombination mit Mango, die viel Vitamin C enthält, wird das Eisen besser vom Körper aufgenommen. Der Riegel lässt sich auch mit Apfel und Banane herstellen. Für Babys, die gerade mit Breifrei anfangen, ist der Riegel ein idealer Snack für unterwegs.

350 g zarte Haferflocken
30 g gepoppten Amarant
2 EL Rapsöl
1 Mango
1 Banane

Die Mango und Banane schälen, alles zu einem flüssigen Brei pürieren. Haferflocken und Amarant mit dem Rapsöl in einer Pfanne kurz anrösten. Die Mango-Bananenmasse zu der Haferflocken-Amarant-Masse in die Pfanne geben und gut vermischen, bis alles zu einer klumpigen Masse geworden ist. Ein Backblech mit Backpapier vorbereiten und die zähe Masse mit einem Messer zu einer 1 cm dicken Schicht darauf verteilen. Im Ofen bei 175 °C Umluft 20 Minuten backen. Wenn die Masse goldgelb gebacken ist, aus dem Ofen nehmen, kurz auskühlen lassen und anschließend in 3 cm breite Riegel schneiden. Die Riegel auf dem Backblech wenden und für einige Minuten in der restlichen Hitze des Backofens backen.

Mandel-Mango-Müsliriegel **

für 16 Riegel

Mandeln sind reich an Kalzium und haben einen hohen Bestandteil an gesunden Fetten. Aufgrund der weichen Konsistenz ist der Riegel gut zu kauen und herunterzuschlucken.

1 Mango
3 Äpfel
350 g zarte Haferflocken
3 EL geschrotete Sesam
50 g gemahlene süße Mandeln
2 EL Kokosöl

Die Mango und die Äpfel schälen, Kerngehäuse entfernen, alles zu einem flüssigen Brei pürieren. Haferflocken, Sesam und gemahlene Mandeln mit dem Kokosöl in einer Pfanne kurz anrösten und gut mischen. Das Mango-Apfelpüree zu den Haferflocken in die Pfanne geben und alles gut vermischen, bis es zu einer klumpigen Masse geworden ist. Ein Backblech mit Backpapier vorbereiten und die zähe Masse mit einem Messer 1 cm dick darauf verteilen. Im Ofen bei 175 °C Umluft 20 Minuten backen. Wenn die Masse goldgelb ist, aus dem Ofen nehmen, kurz auskühlen lassen und anschließend in 3 cm breite Riegel schneiden. Die Riegel zum Auskühlen in den Kühlschrank legen oder einfrieren.

Tipp: *Eingefrorene Riegel, die anschließend aufgetaut werden, haben eine richtig feste Konsistenz und bieten sich für unterwegs an.*

Gemüse-Riegel *

für 16 Riegel

Dieser Riegel ist eine wahre Eisenbombe. Petersilie ist neben Kardamom eines der eisenhaltigsten Kräuter.

350 g zarte Haferflocken
150 g jungen Spinat (zerkleinert)
80 g Gouda
2 EL Petersilie (gehackt)
3 EL geschrotete Sesam
3 EL geschrotete Leinsamen
2 EL Rapsöl

Die Haferflocken mit dem Rapsöl in der Pfanne kurz anbraten. Den aufgetauten Spinat, Käse, Petersilie, Sesam und Leinsamen hinzufügen und zu einer Masse vermischen. Backpapier auf einem Backblech vorbereiten und die Masse in einer 1 cm dicken Schicht auf dem Blech verteilen. Im vorgeheizten Backofen bei 170 °C Umluft auf der mittleren Schiene 20 Minuten backen. Die Masse kurz auskühlen lassen und zu 3 cm breiten Riegel schneiden. Im Kühlfach auskühlen lassen.

Tipp: *Einige Riegel einfrieren und nach Bedarf auftauen.*

Dinkel-Bananen-Stange **

für 15 Stangen

Sesam und Leinsamen haben einen hohen Eisengehalt, der in Verbindung mit Vitamin C aus dem Apfel und der Banane leichter vom Körper aufgenommen werden kann.

500 g Dinkelmehl
2 Bananen
1 Birne oder Apfel
5 EL Rapsöl oder 150 g Butter

5 EL Sesam
5 EL geschrotete Leinsamen

Die Bananen und den Apfel zerkleinern und pürieren. Alle Zutaten vermengen, kneten und zu fingerdicken Stangen formen. Ist der Teig noch zu matschig, etwas Mehl hinzufügen. Die Stangen im vorgeheizten Backofen bei 180 °C Umluft 30 Minuten goldbraun backen.

∽

Kräuter-Polenta-Schnittchen **

für 15 Stück

Polenta besteht aus Maisgrieß und enthält pflanzliche Eiweißstoffe, Kalium, Magnesium und Kieselsäure. Die im Rezept enthaltenen Kräuter geben den Schnittchen eine Extraportion Vitamin C, wodurch das Immunsystem gestärkt wird.

150 g Polenta
500 ml ungesüßte Sojamilch oder Milch
6 EL Mandelmus
3 EL fein gehacktes Rosmarin
2 EL fein gehackte Petersilie
2 EL fein gehacktes Basilikum
1 TL Salz
2 EL Rapsöl oder Olivenöl zum Braten

Die Polenta mit allen Zutaten in einem Topf aufkochen. Unter ständigem Rühren für 10 Minuten weich kochen. Die Polentamasse auf einem mit Backpapier vorbereitetem Backblech 1 cm dick verteilen und für kurze Zeit abkühlen lassen. Nachdem die Masse fest geworden ist, mit einem scharfen Messer 2 cm breite Sticks zuschneiden. Öl in einer Pfanne erhitzen und die Polenta-Streifen von beiden Seiten knusprig rösten.

∽

Dinkelkekse *

für 20 Kekse

Dinkelkekse lassen sich schnell herstellen und können in der Form den motorischen Fähigkeiten des Babys angepasst werden. Donutförmige Kekse, mit Linzer Ausstechformen herstellt, sind beispielsweise für 6 Monate alte Babys gut zu greifen.

150 g Butter
1 Banane
300 g Dinkelmehl

Butter, Banane, Dinkelmehl in eine Schüssel geben und alles mit einem Knethaken vermischen. Den Teig ausrollen und mit einer Ausstechform Plätzchen ausstechen. Bei 160 °C Umluft 20 Minuten goldbraun backen.

∽

Gemüsepfannkuchen **

für 8 Stück

Dieses Rezept ist eine gute Möglichkeit Gemüse mal anders zu essen. Es lassen sich ohne großen Aufwand größere Portionen vorbacken und einfrieren. Eine ideale gesunde Zwischenmahlzeit für unterwegs.

250 g Dinkelmehl
1 Möhre
2 EL TK-Spinat
1 kleine Zucchini
500 ml Wasser
6 EL Cuisine
2 EL Kokosöl
1 EL gehakte Petersilie

Möhre und Zucchini waschen und fein raspeln. Den Spinat und das geraspelte Gemüse in einem Topf mit 1 EL Kokosöl anschwitzen. Mehl, Cuisine und Wasser in einer Schüssel zu einem glatten Teig vermischen. Die Petersilie und das Gemüse unter den Teig heben. Etwas Kokosöl in einer Pfanne erhitzen und den Teig bei mittlerer Temperatur von beiden Seiten goldbraun backen.

∽

Orangen-Zitronen-Biskuits *

für 20 Stück

Diese Biskuits sind eine leckere Alternative zum Müsliriegel. Der Traubenzucker gibt den vitaminreichen Biskuits eine leichte Süße. Für unterwegs und zwischendurch ein Renner unter den Kleinen.

4 Eier
150 g Dinkelmehl
geriebene Zitronenschale
geriebene Orangeschale
30 g Traubenzucker
3 EL Sprudelwasser

Den Backofen auf 175 °C Umluft vorheizen. Ein Backblech mit Backpapier vorbereiten. Die Eier trennen. Das Eigelb mit dem Mehl, der geriebenen Schale einer Zitrone und Orange vermischen. Sprudelwasser dazugeben, damit der Teig locker wird. Das Eiweiß mit dem Traubenzucker steif schlagen und unter den Teig heben. Den Teig auf ein Backblech gießen und 10 Minuten goldbraun backen. Den fertigen Biskuit etwas auskühlen lassen und in 3 bis 4 cm breite Streifen schneiden. In einer Plätzchendose oder verschlossenen Tüte halten sich die Biskuits einige Tage.

∽

Blätterteigtaschen mit Lachs-Füllung

für 20 Stück

Die Blätterteigtaschen lassen sich neben Lachs auch gut mit Kabeljau füllen. Die Taschen sind reich an Omega-3-Fettsäuren und schmecken auch kalt.

Blätterteig aus dem Kühlregal
250 g Lachs
100 g Frischkäse
2 EL Dill
2 EL Sesam
1 Ei

Den Lachs waschen, trocknen und in Würfel schneiden. Den Blätterteig ausrollen und mit einem Förmchen 7 cm große Kreise aus dem Teig stechen. Den Dill waschen, trocken schütteln, klein schneiden und unter den Frischkäse mischen. Ein Stück Lachs mit einem Teelöffel Frischkäse in die Mitte eines Teigkreises geben und die Ränder mit den Fingern fest andrücken. Die Halbkreise auf Backpapier legen, mit Eiweiß bestreichen und mit Sesam bestreuen. Die Halbkreise bei 220 °C 12 Minuten goldbraun backen

Linsenbällchen **

für 16 Stück

Diese eisenhaltige Snackidee eignet sich zum Mitnehmen und liegt gut in der Hand des Babys.

1 ½ Tassen rote Linsen
1 Zwiebel
1 Möhre
1 Knoblauchzehe
2 EL geschrotete Leinsamen
1 EL Sesam
2 EL gehackte Petersilie
1 TL Kapern
1 EL Mehl
1 TL Backpulver
Rapsöl

Die Linsen in einem Sieb abbrausen, 6 Stunden einweichen und abtropfen lassen. Möhren, Zwiebel und Knoblauch schälen, klein hacken und mit Petersilie, Kapern und den Linsen pürieren. Leinsamen, Sesam, Mehl und Backpulver dazugeben und alles gut vermischen. Backpapier auf ein Backblech vorbereiten. Aus dem Teig Bällchen in der Größe eines Tischtennisballs formen, mit etwas Öl bepinseln und 20 Minuten bei 180 °C backen. Wer es scharf mag, kann noch eine kleine Chilischote zu den Linsen hinzufügen.

Tipp: *Reichen Sie dazu die Dips von Seite 130.*

Sesam-Möhren-Pommes **

für 3 Portionen

Möhren enthalten viel Kalium, Carotin und Vitamine. Der Körper kann diese Nährstoffe am besten in Kombination mit Öl aufnehmen. Der eisenreiche Sesam lässt sich durch das vitaminreiche Gemüse gut vom Körper aufnehmen.

5 Möhren
200 g Kartoffeln
5 EL Sesam
5 EL Rapsöl

Die Kartoffeln und die Möhren schälen und in 1 cm dicke Streifen schneiden. Eine Auflaufform mit etwas Rapsöl bedecken. Die Kartoffel- und Möhrenstreifen in der Auflaufform wenden und mit Sesam bestreuen. Bei 185 °C 20 Minuten im Backofen knusprig backen. Zwischendurch wenden, damit sie von allen Seiten kross sind.

ꕥ

Mohn-Möhren **

für 3 Portionen

Mohn ist reich an Magnesium, Zink und Eisen. Magnesium erhält die Muskeln im Körper gesund.

400 g kleine Bundmöhren
2 EL Mohn
3 EL Rapsöl

Die Möhren mit einer Gemüsebürste gut abbürsten. Das Ende der Möhre abschneiden. Einen Topf mit Wasser vorbereiten und die Möhren 15 Minuten gar dünsten. Währenddessen etwas Rapsöl in einer Pfanne erhitzen und den Mohn darin schwenken. Die fertigen Möhren für 2 bis 3 Minuten in die Pfanne geben und mehrfach wenden. Wenn die Möhren mit Mohn überzogen sind, diese in einer Schale als Snack oder Beilage servieren.

ꕥ

Kohlrabi-Kräuter-Sticks *

für 3 Portionen

Kohlrabi ist reich an Kalium und Vitamin C und kann schnell als kleiner, gesunder Snack angeboten werden.

3 Kohlrabi
2 Schalotten
2 EL Rapsöl
½ Bund Petersilie
½ Bund Schnittlauch
3 Stängel Basilikum
2 EL Kresse
150 g Frischkäse oder Crème Fraîche

Die Kohlrabi von den Blättern befreien, schälen und in 1 cm dicke Streifen schneiden. Die Schalotten schälen und fein würfeln. In etwas Öl glasig dünsten. Den Kohlrabi zu den Schalotten geben und einige Minuten mitdünsten. Mit etwas Wasser ablöschen und 10 Minuten zugedeckt leicht köcheln. In der Zeit die Kräuter waschen und fein hacken. Den Frischkäse mit den gehackten Kräutern in den Topf zu den Kohlrabistreifen geben. Bei geringer Hitze etwas ziehen lassen. In Schälchen servieren.

Hackfleischbällchen mal anders

für 15 Stück

Die Hackfleischbällchen sind mit nährstoffreichen Samen und Gemüse verfeinert und vielfältig einsetzbar. Sie lassen sich als Hauptspeise ideal mit Nudeln, Kartoffeln und Reis kombinieren und schmecken auch kalt.

400 g gemischtes Hackfleisch
2 Scheiben Vollkorntoast
1 Ei
1 Zwiebel
1 Möhre
1 Stück Ingwer
1 EL geschrotete Leinsamen
2 EL geschroteter Sesam
1 EL Rapsöl

Die Zwiebel und das Ingwerstück schälen und in kleine Würfel schneiden. Die Möhre waschen und fein raspeln. Das kleingeschnittene Gemüse mit dem Ei, Leinsamen, Vollkorntoast und Hackfleisch gut mischen und zu einer Masse kneten. Backpapier auf einem Blech vorbereiten. Die Hackfleischmasse zu kleinen, tischtennisballgroßen Bällchen formen und auf das Backblech legen. Die Bällchen mit Rapsöl bepinseln und für 10 Minuten bei 185 °C backen. Den Sesam über die Hackbällchen streuen, darin wenden und weitere 10 Minuten backen.

Rösti mit Apfelmus *

für 10 Stück

Dieses Rezept bietet eine tolle Möglichkeit, schnell eine gesunde Zwischenmahlzeit zu kochen. Die enthaltenen Leinsamen regen die Verdauung an und enthalten viele Omega-3-Fettsäuren. Die Röstis können je nach Bedarf als runde Plätzchen oder für Essanfänger in Stäbchenform gebacken werden.

1 kg festkochende Kartoffeln
2 geschälte Möhren
2 Zwiebeln
2 Eier
2 EL geschrotete Leinsamen
3 EL gemischte frische Kräuter
Rapsöl für die Pfanne

Für den Apfelmus:
4 Äpfel
1 Prise Zimt
Saft von ½ Zitrone

Die ungeschälten Kartoffeln 10 Minuten kochen. Währenddessen die Zwiebeln schälen und fein würfeln.

Die Kartoffeln auskühlen lassen und pellen. Möhren und Kartoffeln grob raspeln und mit den Zwiebeln, Eiern, Leinsamen und Kräutern verrühren. Kartoffelteig portionsweise auf ein mit Backpapier ausgelegtes Blech geben. Die handgroßen Taler 15 Minuten von beiden Seiten goldbraun backen.

Für den Apfelmus: Die Äpfel schälen und in kleine Stücke schneiden. Mit dem Zitronensaft für 10 Minuten in einem Topf aufkochen. Dabei ständig rühren. Alle Zutaten mit einem Mixer zerkleinern und nach Bedarf mit Zimt verfeinern.

Oliven-Lachs-Ecken

für 20 Stück

Die Oliven-Lachs-Ecken liegen gut in der Kinderhand. Sie schmecken wie herzhafte Kekse und halten sich einige Tage in einer luftdichten Dose.

100 g Dinkelmehl
100 g Butter
100 g Käse (Gouda, Parmesan)
250 g Lachs aufgetaut
15 Oliven
2 EL Sesam
gemischte Kräuter

Den Lachs waschen, trocknen und im Ofen bei 180 °C für 10 Minuten backen. In der Zeit den Käse klein raspeln. Die Oliven in kleine Würfel schneiden. Den Lachs mit einer Gabel oder einem Mixer zerkleinern. Alle Zutaten in einer Schüssel zu einer Masse vermischen. Den Teig für kurze Zeit kalt stellen, bis er soweit fest ist, dass man ihn gut weiter verarbeiten kann. Den Teig 0,5 cm dick auf einer leicht bemehlten Fläche ausrollen. In 5 cm breite Streifen schneiden, dann diagonal in Dreiecke schneiden. Im Backofen bei 200 °C 8 bis 10 Minuten goldgelb backen.

Mini-Pizza **

für 4 Stück

Diese gesunde Alternative zu einer Fertigpizza eignet sich als Zwischenmahlzeit oder auch als Hauptspeise. Jeder kann sich seine Pizza nach Belieben selbst belegen.

Für den Teig:
500 g Dinkelmehl + Mehl für die Arbeitsfläche
500 ml lauwarmes Wasser
1 Würfel Hefe (40 g)
1 Prise Zucker
1 Prise Salz
2 EL Rapsöl (wahlweise Olivenöl)

Für die Tomatensauce:
1 Dose gestückelte Tomaten
2 EL Tomatenmark

2 EL frische Kräuter (Oregano, Basilikum, Thymian)
1 Knoblauchzehe
Salz, Pfeffer

Die Hefe und das Rapsöl mit einer Prise Salz in 500 ml warmen Wasser auflösen. Mehl hinzufügen und zu einem glatten Teig kneten. Den Teig zugedeckt 30 Minuten an einem warmen Ort gehen lassen. Den Teig dünn ausrollen und die Ränder hochdrücken. Tomaten aus der Dose und Tomatenmark mit allen Kräutern und zerhacktem Knoblauch vermischen. Den Pizzateig mit der Tomatensauce bestreichen und nach Belieben mit frischen Zutaten belegen. Die belegte Pizza 15 bis 20 Minuten bei 220 °C im Backofen backen.

Blätterteigschnecken

für 15 Stück

Die Blätterteigschnecken lassen sich gut mitnehmen. Sie schmecken kalt wie auch warm und können in größeren Portionen vorgebacken und eingefroren werden. Als Fingerfood sind sie auf Partys der Renner.

Blätterteig-Fertigprodukt aus dem Kühlregal
200 g Schmand
150 g Schinken
3 Lauchstangen
100 g Gouda in Scheiben
30 g Parmesan oder Gouda
½ TL Paprika
Salz

Backofen auf 220 °C vorheizen. Den Blätterteig ausrollen und mit Schmand bestreichen. Schinken in Würfel schneiden. Lauch waschen, trocknen und in Ringe schneiden. Gouda in feine Streifen schneiden. Lauchringe, Schinken und Käsestreifen auf dem Schmand verteilen. Mit etwas Paprika und wenig Salz würzen. Der Länge nach einrollen und 3 cm breite Rollen abschneiden. Die Schnecken mit etwas Parmesan oder geriebenen Gouda bestreuen und für 15 Minuten goldbraun backen.

Pfannenbrot **

für 8 kleine Fladen

Das Brot ist einfach herzustellen und schmeckt als Beilage oder zu Suppen.

500 g Dinkelmehl
300 ml Wasser
15 g Hefe
1 TL Salz
Öl für die Pfanne

Alle Zutaten miteinander vermengen, zu einem Teig verkneten und 30 Minuten gehen lassen. Eine dicke Rolle aus dem Teig formen und 5 cm dicke Scheiben abschneiden. Die Scheiben flach klopfen und in einer heißen Pfanne von beiden Seiten goldbraun backen.

ᔓ

Mini-Flammkuchen

für 4 Stück

Die Flammkuchen bieten eine geschmackliche Abwechslung zur Pizza. Jeder kann individuell belegt werden und ist in Streifen geschnitten für Babys gut zu greifen. Da der Flammkuchen im Vergleich zu anderen Gerichten hier im Buch viele salzhaltige Zutaten enthält, sollte er nicht zu oft serviert werden.

400 g Mehl
20 g Trockenhefe
1 TL Salz
1 Prise Zucker
250 ml Wasser
2 EL Kokosöl
150 g Schinkenspeck gewürfelt
3 Zwiebeln
½ TL Salz und Pfeffer
1 Becher süße Sahne
1 Becher saure Sahne
2 EL fein geschnittene Petersilie
100 g Ziegenfrischkäse

Mehl in eine Schüssel geben, eine Kuhle formen und die Trockenhefe, Zucker und 3 bis 4 EL warmes Wasser hineingeben. Die Hefe-Wasser-Mischung mit etwas Mehl bedecken und 10 Minuten ruhen lassen, bis die Mehlschicht Risse bildet. Das restliche Wasser und Kokosöl hinzufügen. Alles schnell und kräftig mit einem Kochlöffel vermischen. Eine Prise Salz in die Mischungen geben. Den Teig abschließend mit den Händen kneten und nochmals gut abgedeckt 30 Minuten gehen lassen. Die Zwiebeln schälen und in feine Ringe schneiden. Süße und saure Sahne vermischen und mit etwas Salz, Pfeffer und Petersilie würzen. Den Teig sehr dünn auf ein Backblech mit Backpapier ausrollen und die Ränder hochklappen. Sahnecreme, Schinkenwürfel, Zwiebelringe auf dem Teig verteilen. Den Ziegenkäse darüber bröckeln und auf der mittleren Schiene 20 Minuten bei 220 °C backen.

ᔓ

Babycino

Sie kennen bestimmt die Situation: Sie sitzen gemütlich am Küchentisch und wollen Ihren Latte Macchiato oder Cappuccino trinken und Ihr Baby möchte unbedingt Ihren Milchschaum haben. Ein kleiner Babycino ist die Lösung.

Milch einfach im Milchaufschäumer aufschäumen (klappt mit Kuhmilch und Pflanzenmilch, z. B. Sojamilch). Servieren Sie den Babycino in einer Tasse.

Tipp: *Bestreuen Sie den Babycino mit etwas Karobpulver (erhältlich in Reformhäuser und Biosupermärkten). Karob schmeckt karamellig und ist gesund.*

Gemüse-Nuggets *

für 16 Stück

Diese Nuggets lassen sich gut in großen Mengen zubereiten und auf Vorrat einfrieren.

300 g gemischtes Gemüse (Brokkoli, Blumenkohl, Möhren, Erbsen)
1 Scheibe Vollkorntoast
100 g geriebener Gouda
2 EL gehackte Petersilie
2 EL geschrotete Leinsamen
2 EL Rapsöl

Das Gemüse waschen, in kleine Stücke zerkleinern und 10 Minuten gar dünsten. Das weiche Gemüse mit dem Vollkorntoast, Käse, Petersilie, Leinsamen und Öl in eine Schüssel geben und zu einer Masse vermischen. Backpapier auf einem Backblech vorbereiten und kleine Nuggets aus der Masse formen. Im vorgeheizten Backofen bei 170 °C Umluft auf der mittleren Schiene 20 Minuten backen. Einige Nuggets einfrieren und nach Bedarf auftauen.

Gemüse, Gemüse, Gemüse

Gemüse ist ein essentielles Lebensmittel, das bei Ihrem Baby auf dem Speiseplan stehen sollte. Achten Sie beim Einkauf darauf, dass es unbehandelte, frische und nicht genetisch veränderte Lebensmittel sind, die sie für Ihre Familie einkaufen. Es ist noch viel zu wenig erforscht, was genetisch verändertes Gemüse, Getreide oder Rapsöl im Körper eines Menschen bewirken.

Um immer geeignetes Gemüse Zuhause zu haben, bietet sich auch Tiefkühlgemüse an. Dieses gibt es bereits in günstigen Discounter-Läden zu kaufen. Tiefkühlgemüse hat oftmals mehr Vitamine, da das Gemüse direkt nach der Ernte schockgefroren wird und keine Vitamine aufgrund von Lagerungen und Transport verliert.

Damit alle Vitamine auf dem Teller landen, ist die Zubereitung des Gemüses sehr wichtig. Es gibt mehrere Wege, um Gemüse zuzubereiten. Die gängigsten Formen sind kochen, backen, braten und dünsten. Für Ihr Kind ist jede Zubereitung des Gemüses ein neues Erlebnis, da sich Konsistenz und Geschmack verändern.

Dünsten

Beim Dünsten bleiben die meisten Vitamine im Gemüse erhalten und das Gemüse behält am ehesten seine ursprüngliche Form, Geschmack und Farbe.

Das Gemüse sollte dafür in gleichgroße Stücke geschnitten werden, damit alles zur gleichen Zeit gar wird. Man braucht fürs Dünsten keinen speziellen Kochtopf. Es reicht, wenn das Gemüse in ein Sieb gegeben und auf einen Topf mit kochendem Wasser gesetzt wird. Mit einem Deckel abgedeckt, wird das Gemüse gleichmäßig erhitzt und nach wenigen Minuten gar. Das kochende Wasser sollte unterhalb des Siebs bleiben.

In der Regel braucht Gemüse nicht sehr lange gedünstet werden. Je nach Sorte und Menge dauert es zwischen 1 und 15 Minuten, um es weich zu garen. Kontrollieren Sie zwischendurch mit einer Gabel, ob das Gemüse schon weich genug für Sie ist.

Kochen

Einige Gemüsesorten, wie Kartoffeln oder Möhren, können ungeschält gekocht werden und behalten auf diese Weise mehr Vitamine. Die Schale kann im Anschluss leichter abgezogen oder direkt mitgegessen werden. Für Babys ohne Zähne eignet sich die Variante ohne Schale besser, da die Schale schlecht zu kauen und zu schlucken ist.

Vegan und vegetarisch

Allgemein ist ein Trend zur veganen Küche und Ernährung bemerkbar. Das belegen zum einen Verkaufszahlen von veganen Kochbüchern und Beobachtungen, die ich in meinem Umfeld mache. In der Regel raten Ärzte von solcher Kost für Babys ab, da nicht wirklich sichergestellt werden kann, dass das Baby alle wichtigen Fette sowie Eisen, Kalzium und Vitamin B für seine Entwicklung erhält. In den Essanfängen Ihres Babys allerdings spricht sicherlich nichts dagegen, sich vegan oder vegetarisch zu ernähren, da die meisten Nährstoffe mit der Muttermilch oder Milchnahrung aufgenommen werden können. Um sicher zu gehen, dass Ihr Kind dauerhaft mit dieser Ernährungsform genügend Nährstoffe erhält, sollten Sie mit einem Ernährungsberater Rücksprache halten, der sich auf Vegane oder Vegetarische Kost spezialisiert hat.

Möhrenpüree **

für 4 Portionen

Möhren enthalten viel Kalium und Carotin, die vor freien Radikalen schützen. Es kann allerdings nur in Kombination mit Öl oder Butter vom Körper aufgenommen werden.

500 g Möhren
500 g Kartoffeln
1 l Gemüsebrühe
Öl, Margarine oder Butter

Möhren und Kartoffeln in der Gemüsebrühe garen, überflüssige Flüssigkeit abschütten und das Gemüse zerdrücken. Mit etwas Margarine abschmecken.

Bratkartoffeln mit Ziegenkäse *

für 4 Portionen

Die Kartoffelscheiben sind für Breifrei-Anfänger gut zu greifen und bieten durch den Ziegenkäse ein neues Geschmackserlebnis. Kartoffeln sind übrigens reich an Vitamin C und enthalten Eiweißstoffe, die der Körper gut aufnehmen kann.

500 g Kartoffeln
2 Lauchzwiebeln
200 g Champignons
100 g Ziegenfrischkäse
2 EL Rapsöl
1 EL Sesam

Den Backofen auf 180 °C vorheizen. Die Kartoffeln mit Schale gar kochen. Anschließen pellen und in Scheiben schneiden. Lauchzwiebeln waschen und in feine Ringe schneiden. Champignons waschen und vierteln. Den Ziegenfrischkäse zerbröckeln. Die Kartoffelscheiben und den zerbröckelten Ziegenkäse auf einem mit Backpapier vorbereiteten Backblech auslegen. Mit Öl bestreichen und 15 Minuten goldbraun backen. In der Zwischenzeit die Lauchzwiebeln mit Öl in einer Pfanne erhitzen. Champignons hinzufügen und mit Sesam bestreuen. Die fertigen Kartoffelscheiben mit dem Ziegenkäse zu den Champignons in die Pfanne geben. Alles kurz vermengen und warm servieren.

Fenchel-Blumenkohl-Gratin *

für 4 Portionen

Fenchel und Blumenkohl sind sehr milde Gemüsesorten, die viel Vitamin C und Magnesium enthalten. Das Gratin ist für Einsteiger wie fortgeschrittene Esser geeignet. Statt Fenchel können auch Kartoffeln und Brokkoli dem Gratin zugefügt werden.

1 Kopf Blumenkohl
½ TL Salz
3 Fenchelknollen
1 Zitrone

Für die Sauce:
50 g Butter
30 g Mehl
300 ml Milch
200 g Sahne
1 Prise frisch geriebene Muskatnuss
2 EL frische Korianderblätter
100 g geriebener Gouda

Den Backofen auf 180 °C vorheizen. Den Blumenkohl waschen, in Röschen teilen und in kochendem Salzwasser für 10 Minuten kochen. In der Zeit die Fenchelknollen abbrausen und die erste Haut entfernen. Den Fenchel halbieren. Den Saft einer Zitrone auspressen und den Fenchel damit einreiben. Anschließend die Fenchelhälften mit dem restlichen Zitronensaft und etwas Wasser für 3 Minuten in einer Pfanne blanchieren. Das Fenchelgemüse aus der Pfanne nehmen und abtropfen lassen.

Für die Sauce: Etwas Butter in einem Topf bei niedriger Temperatur zergehen lassen. Mehl hinzufügen und unter ständigem Rühren anschwitzen lassen. Milch und Sahne dazugeben und mit etwas Muskat und Koriander abschmecken. Das Gemüse in eine gebutterte Auflaufform schichten. Mit Gouda bestreuen. Die Sauce über dem Gemüse verteilen und auf der mittleren Einschubleiste 40 bis 45 Minuten goldbraun backen.

∽

Gegrillte Gemüsetürmchen *

für 4 Portionen

Champignons und Aubergine sind zwar kalorienarm, aber dafür voller essentieller Nährstoffe. Das kalziumreiche Gemüse sorgt für den Erhalt und Aufbau von Knochen und Zähne. Für die Grillsaison und als Vorspeise gut geeignet. Das Gemüse lässt sich leicht greifen und ist ein abwechslungsreiches Geschmackserlebnis für die Breifrei-Anfänger.

4 rote Paprikaschoten
Olivenöl
50 g Champignons
2 Auberginen
1 Bund Rucola
20 Basilikumblätter
3 Rosmarinzweige
200 g Ziegenfrischkäse in Scheiben
8 schwarze Oliven ohne Kern
4 Knoblauchzehen
2 EL Balsamicoessig
2 EL Apfelessig

Den Backofengrill auf höchster Stufe vorheizen. Die Paprikaschoten waschen, entkernen und vierteln. Die Hautseite mit Olivenöl bestreichen und mit der Hautseite nach oben auf ein Backblech legen. Die Paprika so lange grillen, bis die Haut schwarz wird. Aus dem Backofen nehmen, kurz auskühlen lassen und die Haut abziehen. Die Champignons waschen und vierteln. Die Auberginen waschen und die Stängel entfernen. Die Aubergine in Scheiben schneiden und die herauslaufende Flüssigkeit abtupfen. Rucola, Basilikumblätter und Rosmarinzweige waschen und trocken schütteln. Den Ziegenkäse in grobe Stücke zerbröckeln. Die Oliven halbieren. Den Knoblauch schälen und in Scheiben schneiden. Olivenöl in der Pfanne vorbereiten, Rosmarin und Knoblauch 2 Minuten in dem Öl braten und anschließend herausnehmen. Die Auberginenscheiben in dem Knoblauch-Rosmarinöl goldbraun braten. Aus der Pfanne nehmen, abtropfen lassen und auf ein mit Olivenöl bestrichenes Backblech legen. Die Auberginenscheiben mit jeweils einer Scheibe Paprika, Champignon und Ziegenkäse sowie mit Basilikumblättchen und einer Olivenhälfte belegen und für 4 Minuten in den Backofengrill geben bis der Käse goldgelb wird. Aus Balsamicoessig, Apfelessig, 2 EL Olivenöl ein Dressing rühren und den Rucola darin wenden. Mit den fertigen Gemüsetürmchen anrichten.

Tipp: *Babys haben noch Schwierigkeiten, Salatblätter zu zermahlen und anschließend zu schlucken. Deshalb sollte die Portion fürs Baby ohne Salatblätter angerichtet werden.*

Ofen-Ratatouille **

für 4 Portionen

Dieses Gericht ist aufgrund der vielfältigen Gemüsesorten sehr vitamin- und kaliumreich. Es ist schnell hergerichtet und für Breifrei-Anfänger einfach zu essen.

5 Kartoffeln
2 gelbe Paprikas
300 g Zucchini
1 Aubergine
500 g Kirschtomaten
5 Knoblauchzehen
2 rote Zwiebeln
½ Bund Thymian
½ Bund Petersilie
½ Bund Basilikum
3 Zweige Rosmarin
50 ml Rapsöl wahlweise Olivenöl
2 EL Sesam

Den Backofen auf 180 °C vorheizen. Die ungeschälten Kartoffeln 10 Minuten kochen. Anschließend in Spalten teilen. Das Gemüse waschen, trocknen und – außer den Tomaten – in mundgerechte Stücke schneiden. Die Kräuter waschen und trocknen. Knoblauch und Zwiebeln schälen, fein würfeln und in einer Pfanne kurz anschwitzen. Das Gemüse zu der Knoblauch-Zwiebelmasse geben und dünsten, eventuell etwas Öl dazugeben. Das gedünstete Gemüse und die Kartoffelspalten in einer

Auflaufform verteilen, Thymian und Rosmarin darunter heben und 30 Minuten im Ofen schmoren lassen. Petersilie und Basilikum hacken, mit Sesam über das fertige Ratatouille geben und servieren.

Maisnudeln **

für 3 Portionen

Diese glutenfreie Nudelalternative kommt bei Kindern gut an. Ob Lasagneplatten oder Bandnudeln, die Nudeln können je nach Bedarf in verschiedene Formen gebracht werden. Für das Gelingen sind genaues Wiegen und Messen nötig.

70 g Maismehl
60 g Maisstärke
6 g Johannisbrotkernmehl
125 ml Wasser
1 EL Rapsöl
½ TL Salz

Maismehl, Maisstärke und Johannisbrotkernmehl in einer Schüssel vermischen. Wasser in einem Topf aufkochen, Öl und Salz dazugeben und die Mehlmischung langsam einrühren. Den Teig so lange rühren bis sich die Teigmasse vom Boden löst. Alles vom Herd nehmen und abkühlen lassen. Den Nudelteig erkalten lassen, auf einer mit Mehl bestreuten Arbeitsfläche dünn ausrollen und 1 cm breite Bandnudeln zuschneiden.

Reisnudeln mit Tomaten-Brokkoli-Mix **

für 3 Portionen

Reisnudeln sind eine weitere gesunde Alternative zu Vollkornnudeln und enthalten neben vielen Mineralstoffen, wie Kalium, Magnesium und Eisen, auch die Vitamine B1, B3 und B6.

100 g Reisnudeln (Fusilli)
2 Tomaten
200 g Brokkoli
1 kleine Zwiebel
1 EL Kokosöl
1 EL Mandelmus
1 EL Tomatenmark
2 EL kleingeschnittene, getrocknete Tomaten
1 Handvoll frische Thymianblätter
1 Handvoll frische Basilikumblätter

Die Nudeln nach der Packungsanleitung bissfest garen. Während des Garens ein Sieb über den Nudeltopf stellen und die gewaschenen Brokkoliröschen und Tomaten darin dünsten. Zwiebeln schälen und in kleine Würfel schneiden. Basilikumblätter und Thymian abbrausen, trocknen und klein schneiden. Kokosöl in einer Pfanne erhitzen, das gedünstete

Gemüse mit den Nudeln darin anbraten. Tomatenmark, Mandelmus, Kräuter und die getrockneten Tomaten dazugeben. Alles kurz in der Pfanne anbraten.

Quinoa im Zucchini-Schiffchen *

für 4 Portionen

Quinoa ist sehr eisenhaltig und reich an Mangan. Außerdem enthält Quinoa Ferulasäure, die entzündungshemmend wirkt. Es wird in Südamerika angebaut und ist eine geschmackliche Abwechslung zu Reis.

4 Zucchinis
2 Möhren
5 Champignons
2 Lauchzwiebeln
1 EL Kokosöl
200 g vorgekochte Quinoa
2 EL gehackte frische Petersilie
150 g geriebener Käse oder Käseersatz

Den Backofen auf 180 °C vorheizen und ein Backblech vorbereiten. Die Zucchini waschen, die Enden abschneiden und längs halbieren. Mit einem Löffel das Fruchtfleisch aushöhlen. Die ausgehöhlten Zucchiniteile in kochendem Wasser 5 Minuten blanchieren und im kaltem Wasserbad abkühlen. Champignons, Möhren und Lauchzwiebeln waschen und klein schneiden. Etwas Kokosöl in einer Pfanne erhitzen und das kleingeschnittene Gemüse kurz anbraten. Die Quinoa, Rosinen und Petersilie dazugeben und alles gut vermischen. Die Quinoa-Gemüse-Masse in die Zucchini-Schiffchen füllen und mit Käse bestreuen. Die Schiffchen nach 25 Minuten, wenn der Käse zerlaufen ist, aus dem Backofen nehmen.

Himmel und Erde **

für 4 Portionen

Das ist ein typisch deutsches Gericht, das seit dem 18. Jahrhundert bekannt ist und noch gerne auf den Familientisch kommt. Es ist für Breifrei-Anfänger gut geeignet, um das Herunterschlucken von groben Lebensmitteln zu üben.

1 kg Kartoffeln
1 kg Äpfel
2 Zwiebeln
50 g Margarine oder Butter
1 Prise Salz
1 TL Essig
2 Zwiebeln

Die Kartoffeln, Zwiebeln und Äpfel schälen. Kartoffeln in Würfeln schneiden. Äpfel vom Kerngehäuse befreien und auch in Würfel schneiden. Separat von den Kartoffelstücken halten. Zwiebeln fein würfeln und mit den Kartoffelstücken in einem Topf mit kochendem Wasser 20 Minuten kochen. Die Apfelstücke dazugeben und mit Salz und Essig für weitere 10 Minuten gar kochen. Alles mit einem Pürierstab oder einem Handrührgerät zerkleinern und ungesalzene Butter oder Margarine drunter heben.

Tipp: *Als Beilage die Zwiebeln schälen und in Scheiben schneiden. In einer Pfanne mit etwas Margarine goldbraun braten und über das Kartoffel-Apfel-Mus geben.*

Blitzschnelles Champignon-Risotto **

für 4 Portionen

Durch das Mandelmus bekommt das Gericht eine sehr cremige Konsistenz und kann auch ohne Löffel gegessen werden. Babys, die erste Versuche mit dem Löffel probieren wollen, erleben durch die klebrige Konsistenz erste Erfolge. Die Champignons sind klein geschnitten gut kaubar. Daher ist das Risotto auch gut für Babys ohne Zähne geeignet. Statt Champignons kann zerkleinerter TK-Blattspinat unter den Reis gegeben werden.

1 Tasse gegarter Vollkornreis
1 Tasse sehr klein geschnittene Champignons
2 EL Mandelmus
1 TL Tahin
1 TL Muskatnuss

Muskatnuss, Tahin und Mandelmus mit dem Wasser verquirlen, bis sich alles aufgelöst hat. Die Champignons unter den Reis mischen und mit der Sauce verrühren.

Zucchini-Tofu-Happen **

für 4 Portionen

Wenn es mal schnell gehen soll, bietet sich dieses Gericht an. Babys bekommen am besten einen Teil der Happen zugeschnitten.

500 g Zucchini
100 g Tofu
2 TL frischen Oregano
1 Schalotte
3 EL gemahlene Walnusskerne
6 EL Rapsöl oder wahlweise Olivenöl

Den Backofen auf 180 °C vorheizen. Die Zucchini waschen, trocknen und in Scheiben hobeln. Den Tofu in kleine Würfel schneiden. Frischen Oregano waschen, trocken schütteln, Blätter von den Stängeln zupfen und fein hacken. Die Schalotte schälen und klein würfeln und in einer Pfanne glasig dünsten. Oregano, geriebene Walnusskerne und Tofu dazugeben, kurz mitbraten. Die Zucchini auf ein mit Backpapier belegtes Backblech auslegen. Mit Rapsöl beträufeln und die Tofu-Walnusskern-Mischung über die Zucchini verteilen. 20 Minuten im Ofen backen. Als Beilage oder Zwischenmahlzeit servieren.

Indisches Dal **

für 4 Portionen

Das ist eines meiner Lieblingsgerichte. Es schmeckt Babys häufig sehr gut. Aufgrund der weichen, klebrigen Konsistenz ist es leicht mit der ganzen Hand zu greifen und für Essanfänger leicht zu schlucken.

250 g rote Linsen
1 Zwiebel
1 EL Kreuzkümmel
4 getrocknete Chilischoten
1 EL Kurkuma
1 EL Garam masala
2 EL Kokosöl
1 Dose Kokosmilch
3 Knoblauchzehen
1 cm großes Stück Ingwer
Salz

Die Linsen in einem Sieb abbrausen. Die Zwiebel, Knoblauch und Ingwer schälen und in kleine Würfel schneiden. Den Knoblauch und Ingwer beiseitelegen. Die Chilischoten zerkleinern und mit Kreuzkümmel, Kurkuma und Garam masala vermischen. Alles in heißem Kokosöl kurz anbraten. Die klein geschnittene Zwiebel dazugeben und glasig dünsten. Die gewaschenen Linsen mit etwas Wasser und die Hälfte der Kokosmilch zugeben. Eventuell Wasser zufügen, sodass die Linsen noch weiter aufquellen können. Den in Würfel geschnittenen Knoblauch und den Ingwer zu den Linsen geben. 15 bis 20 Minuten vor sich hin köcheln lassen. Die restliche Kokosmilch zugeben. Auf dem eigenen Teller mit Salz nachwürzen.

Weißkohl trifft Kokosmilch **

für 4 Portionen

Dieses exotische Gericht enthält vielfältiges Gemüse und ist schnell zubereitet. Meine Tochter liebt das Gericht. Am besten schmeckt es mit Reis oder Vollkornnudeln. Für Nicht-Veganer passen auch Hähnchenfleisch und Gambas gut zur Sauce.

2 Möhren
1 grüne Paprika
600 g Weißkohl
1 Zwiebel
300 g Kartoffeln
2 cm großes Stück Ingwer
1 Knoblauchzehe

1 Peperoni
2 EL Rapsöl
2 TL Currypulver
400 ml Gemüsefond
200 ml Kokosmilch
10 Cherrytomaten
80 g geröstete Erdnüsse
2 TL Salz

Die Möhren, Paprika und den Weißkohl waschen und trocknen. Die Paprika entkernen und den Strunk des Weißkohls entfernen. Die Zwiebel schälen und das ganze Gemüse in Streifen schneiden. Die Kartoffeln, Ingwer und Knoblauchzehe schälen und in Würfel schneiden. Die Peperoni waschen, entkernen und in Ringe schneiden. Das Öl in einer Pfanne oder im Wok erhitzen. Das in Streifen geschnittene Gemüse 5 Minuten im Öl anbraten. Die Kartoffelwürfel, Ingwer, Knoblauch und Peperoniringe mit Currypulver dazugeben und für wenige Minuten andünsten. Mit Kokosmilch und Gemüsefond ablöschen und 20 Minuten bei geringer Hitze köcheln, bis die Kartoffeln gar sind. Zum Schluss die Cherrytomaten waschen, trocknen, vierteln und unter das restliche Gemüse heben. Eine Portion für das Baby entnehmen und die restliche Sauce mit dem Salz würzen. Die Weißkohl-Kokossauce mit Reis oder Nudeln und bestreut mit Erdnüssen servieren. Achtung: Das Baby bekommt keine Erdnüsse, da es diese nicht zerkauen kann und Erstickungsgefahr besteht.

ꟹ

Exotisch-fruchtiges Quinoa **

für 3 Portionen

Quinoa wird größtenteils in Südamerika angebaut. Sie ist eiweißreich und hat einen hohen Anteil an Magnesium. Das Getreide gibt es in vielen Farbvariationen, die sich im Geschmack etwas unterscheiden. Sie ist eine gute Alternative zu Reis und aufgrund der weichen Konsistenz gut für Breifrei-Anfänger geeignet. Das Quinoa sollte unbedingt vor dem Kochen mit Wasser abgespült werden.

100 g Quinoa Tricolore (erhältlich im Bioladen und im Reformhaus)
1 Mango
1 Avocado
5 Erdbeeren
½ Bund frische Minze
½ Bund Petersilie
2 EL Essig
2 TL Limettensaft
4 EL Rapsöl
4 EL Kokosöl

Die Quinoa nach Packungsanleitung zubereiten. Die Mango und Avocado schälen und in Streifen schneiden. Essig, Limettensaft und Öl vermischen.

Die Öl-Mischung über die Quinoa geben. Minzblätter und Petersilie waschen, trocken schütteln und klein hacken. Die gehackten Kräuter mit den Mango- und Avocadostreifen unter die Quinoa mischen. Die eigene Portion mit Salz und Pfeffer abschmecken.

Tipp: *Mit Sambal Oelek verfeinert, bekommt der Salat eine pikante Note.*

❧

Bulgur-Gemüse **

für 4 Portionen

Bulgur lässt sich gut mit verschiedenen Gemüsesorten kombinieren. Er ist schnell hergestellt und für Essanfänger eine willkommene Abwechslung zu Reis oder Nudeln. Bulgur schmeckt kalt und auch warm. Das Gericht lässt sich auch bequem in einer Dose mitnehmen.

2 Schalotten
1 EL Rapsöl
150 g Bulgur
300 ml Gemüsebrühe
2 eingelegte Tomaten ohne Schale
1 kleine Möhre
5 Oliven ohne Stein
3 Stängel Petersilie
3 Stängel Minze
Saft von ½ Zitrone
2 EL Walnussöl
1 Prise Kreuzkümmel

Die Schalotten schälen und fein Würfeln. In einer Pfanne mit etwas Öl glasig dünsten. Den Bulgur dazugeben und nach Packungsanleitung in etwas Gemüsebrühe köcheln lassen, bis die Flüssigkeit aufgesogen ist. Die Tomaten und Oliven in kleine Stücke schneiden und zum Bulgur geben. Kräuter waschen, trocken schütteln, die Blätter fein zerhacken und dem Bulgur untermischen. Den Zitronensaft mit Walnussöl und den Gewürze zu einer Marinade mischen. Die Marinade über die Bulgurmischung geben und das Gericht auf dem eigenen Teller mit Salz und Pfeffer abschmecken.

❧

Kräuter-Gemüse-Couscous

für 4 Portionen

Couscous ist aufgrund seiner Beschaffenheit hervorragend für Essanfänger geeignet. Er ist leicht klebrig und lässt sich gut mit der ganzen Hand greifen. Durch seine weiche Konsistenz funktionieren erste Schluckversuche spielend. Das Gericht kann mit beliebigen Gemüsesorten, Fetakäse aber auch mit Hähnchenstücken oder Garnelen ergänzt werden. Wer mehr eisenhaltiges Getreide in seinen Speiseplan integrieren möchte, kann den Couscous durch Hirse austauschen. Das schmeckt genauso lecker.

2 Schalotten
1 Lauchstange
1 Zucchini
150 g Couscous
300 ml Kräutertee aus frischer Pfefferminze, Thymian und Salbei
100 ml Gemüsebrühe
3 EL Tomatenmark
3 Stängel Petersilie
10 Minzblätter
7 Cocktailtomaten

Die Schalotten schälen und in feine Ringe schneiden. Den Lauch waschen und ebenfalls in Ringe schneiden. In einer Pfanne mit etwas Öl glasig dünsten. Die Zucchini waschen, würfeln und in der Pfanne mit andünsten. Den Couscous dazugeben und nach Packungsbeilage in frisch aufgebrühtem Kräutertee und Gemüsebrühe köcheln lassen, bis die Flüssigkeit aufgesogen ist. Eventuell Flüssigkeit nachgießen. Das Tomatenmark drunter heben. Die Kräuter waschen, trocken schütteln, die Blätter fein zerhacken und dem Couscous untermischen. Die Cocktailtomaten waschen, halbieren und unter das Gericht mischen. Alles kurz erwärmen, bis die Tomaten weich werden. Das Gericht auf dem eigenen Teller mit Salz und Pfeffer abschmecken.

Nudeln

Nudeln haben eine weiche Konsistenz, sind für Babys gut zu greifen und schnell zubereitet. Es passen viele verschiedene Saucen zu Nudeln, die aus Gemüse, Frischkäse oder Pesto schnell gezaubert sind. Am besten eignen sich Vollkorn- oder Dinkelnudeln, da sie vollwertige Kohlenhydrate enthalten.

Tomaten-Spinat-Lasagne *

für 4 Portionen

Die vegetarische Lasagne ist schnell zubereitet und sehr schmackhaft. Für das Baby muss die Lasagne geschnitten werden, da die Nudelplatten sonst zu lang und unhandlich sind.

9 Lasagneplatten

Für die Tomatensauce:
1 Dose geschälte Tomaten
1 Knoblauchzehe
1 Prise Zucker
1 Prise Salz
1 EL Rapsöl (wahlweise Olivenöl)
4 EL Tomatenmark

Für die Spinatsauce:
450 g fein gehackten TK-Spinat
1 Becher Hüttenkäse

Für die Käsesauce:
60 g Margarine oder Butter
60 g Vollkornmehl
600 ml Milch
1 Prise fein geriebene Muskatnuss
150 g Reibekäse

Die Knoblauchzehe schälen, klein hacken und mit Öl kurz in einem Topf anbraten. Die Tomaten und das Tomatenmark dazugeben, mit Zucker und Salz abschmecken. Den Spinat auftauen und den Hüttenkäse drunter mischen, kurz erwärmen. Für die Käsesauce die Margarine in einem Topf auflösen und das Vollkornmehl darin anschwitzen. Unter ständigem Rühren die Milch und 100 g Reibekäse dazugeben. Kurz aufkochen und mit Muskatnuss würzen. Eine eingefettete Form vorbereiten. Eine Lage Lasagneplatten auslegen. Mit der kompletten Tomatensauce füllen. Eine weitere Lage Lasagneplatten anordnen und mit der Spinatsauce füllen. Nach der letzten Lage die Lasagneplatte mit der Käsesauce bestreichen, restlichen Reibekäse drüberstreuen und bei 180 °C 30 bis 40 Minuten backen.

ഗ

Muschelnudeln mit Ziegenkäse und Birne *

für 4 Portionen

Diese Sauce ist schnell gekocht und ein tolles Geschmackserlebnis fürs Baby.

300 g Muschelnudeln (Conchiglie)
120 g Sahne
200 g Ziegenfrischkäse
2 Birnen
2 frische Thymianzweige
½ Bund Schnittlauch
Saft von ½ Zitrone

Die Nudeln in kochendem Wasser bissfest garen. In der Zwischenzeit die Birnen waschen, entkernen und in kleine Würfel schneiden, dann in einem Schälchen mit dem Zitronensaft vermischen. Die Sahne in einer Pfanne erhitzen und den Ziegenkäse darin auflösen. Thymianzweige und Schnittlauch waschen und trocken schütteln. Den Thymian von den Stängeln zupfen und den Schnittlauch in kleine Röllchen schneiden. Die in Zitronensaft eingelegten Birnenwürfel und die Kräuter zur Sauce mischen. In tiefen Tellern servieren und eventuell mit Salz und Pfeffer auf dem eigenen Teller nachwürzen.

ഗ

Brokkoli-Walnuss-Nudeln *

für 4 Portionen

Die vitaminreiche und kalorienarme Brokkoli-Walnuss-Sauce passt zu allen Nudelsorten. Walnüsse sind reich an Omega-3-Fettsäuren, Magnesium und Vitamin D, was das Gehirn für eine optimale Entwicklung benötigt.

100 g Walnusskerne
500 g Brokkoli
200 g gehackter TK-Spinat
1 l Gemüsebrühe
1 Zwiebel
1 Knoblauchzehe
2 EL Walnussöl
100 g Schmand
1 Prise frisch geriebene Muskatnuss

Die Walnusskerne klein hacken, den Brokkoli waschen und die Röschen von den Stielen befreien. In der Gemüsebrühe für 10 Minuten kochen bis die Röschen weich sind. Den Spinat auftauen lassen. Inzwischen die Zwiebel und die Knoblauchzehe fein würfeln. Das Öl erhitzen und die gewürfelten Zutaten darin dünsten. Die abgegossenen Brokkoliröschen und 100 ml aufgefangene Gemüsebrühe mit den Zwiebel-Knoblauch-Würfeln und den Walnüssen pürieren. Schmand und Muskatnuss drunter heben. Kurz erwärmen und mit Nudeln Ihrer Wahl servieren.

☙

Spaghetti-Nester *

für 12 Stück

Die Spaghetti-Nester sind eine herzhafte und ansprechende Snackidee für unterwegs und zwischendurch. Sie sind vegetarisch und lassen sich schnell zubereiten.

250 g Vollkornspaghetti
1 Tomate
3 Stängel Basilikum
2 EL Pinienkerne
2 EL geriebenen Parmesan
2 EL Walnussöl
2 EL Kapern
4 Eier
100 ml Milch
100 g geriebener mittelalter Gouda
2 TL getrockneter Thymian
12 Papierbackförmchen

Die Spaghetti nach Packungsanleitung bissfest kochen. Die Tomate kurz in das kochende Spaghettiwasser legen bis sich die Haut schält. Die Haut der Tomate abziehen und die Tomate würfeln. Basilikumblätter waschen, trocken schütteln und in eine kleine Schale geben. Pinienkerne, Parmesan und Walnussöl dazugeben und mit einem Mixstab zu einem Pesto pürieren. Die Spaghetti, Tomatenwürfel, Basilikumpesto und Kapern vermischen. Den Backofen auf 180 °C Umluft vorheizen. Die Nudelmischung in die Papierförmchen füllen. Eier und Milch verrühren. 3 EL von der Eiermischung auf jedes Nudelnest geben. Mit geriebenem Käse und Thymian bestreuen. Die Nester für 25 Minuten auf dem mittleren Rost backen.

☙

Muschelnudeln mit grünem Pesto *

für 4 Portionen

Wenn es mal schnell gehen muss, ist dieses Rezept zu empfehlen. Als meine Tochter die Phase hatte, nur grüne Lebensmittel zu bevorzugen, war das Gericht der Renner. Für das Pesto bieten sich auch Walnüsse oder Paranüsse an. Walnüsse enthalten viele ungesättigte Fettsäuren und Linolsäure, sowie Vitamin E, was das Immunsystem stärkt und Entzündungsprozesse im Körper bremst.

250 g Muschelnudeln
80 ml Walnussöl
1 Knoblauchzehe
80 g Parmesan
5 EL Pinienkerne
3 EL Cashewkerne
50 g Rucola
100 g TK-Spinat
1 Bund Basilikum
½ Bund Petersilie

Die Nudeln nach Packungsanleitung kochen. Pinienkerne und Cashewkerne in einer Pfanne mit 1 EL Walnussöl anrösten. Den Spinat auftauen. Rucola, Basilikum und Petersilie waschen, Stiele entfernen und klein hacken. Den Knoblauch schälen und klein schneiden. Parmesan zerkleinern. Alle Zutaten mit dem restlichen Walnussöl mit einem Pürierstab zerkleinern. Das Pesto mit den Spaghetti vermischen und servieren.

Exotisch-fruchtige Farfalle

für 4 Portionen

Diese Farfalle mit der fruchtigen und erfrischenden Sauce passen gut an warmen Sommertagen. Die Sauce ist leicht zubereitet und bietet mit der Kokosmilch ein neues Geschmackserlebnis für das Baby.

500 g Möhren
1 Zwiebel
2 EL Kokosöl
3 Stängel frischer Koriander
Saft von 3 frischen Orangen
200 ml Gemüsebrühe
200 ml Kokosmilch
75 g Pistazien

Die Möhren und Zwiebeln schälen und in dünne Scheiben schneiden. Korianderblätter waschen, trocken schütteln und klein hacken. Das Kokosöl in einem Topf erhitzen, Zwiebel hinzufügen und glasig dünsten. In Scheiben geschnittene Möhren dazugeben und kurz anbraten. Mit Gemüsebrühe und dem Saft der ausgepressten Orangen ablöschen. Bei geringer Hitze 20 Minuten köcheln. Währenddessen die Pistazien fein hacken. Die Kokosmilch mit dem Koriander zu den Möhren geben. Alles mit einem Pürierstab mixen. Die Sauce über die gekochten Farfalle geben und mit Pistazien bestreut servieren.

ꕥ

Spinat-Gnocchi mit Nordseekrabben

für 4 Portionen

Gnocchi sind durch ihre Form besonders für Essanfänger gut geeignet. Die weiche Konsistenz ist leicht zu kauen und zu schlucken. Kinder mögen Gemüse in Form selbstgemachter Gemüse-Gnocchi.

500 g Vollkorntoast
150 ml lauwarme Milch
2 Eier
4 EL Mehl
400 g TK-Blattspinat
80 g Parmesan Käse
1 Prise frisch geriebene Muskatnuss
100 g frische Nordseekrabben
1 EL Butter

Das Toastbrot in Stücke schneiden, mit Milch übergießen und gut mischen. Den aufgetauten Spinat in Stücke schneiden, mit dem Brot, Eiern, Käse, etwas Muskatnuss und etwas Mehl zu einem Teig verkneten bis er nicht mehr klebt. Eventuell etwas Mehl hinzufügen. Ein Kochtopf Wasser mit Salz aufkochen. Portionsweise kleine Gnocchi aus dem Teig formen und in das kochende Wasser geben. Nach 5 Minuten, wenn die Gnocchi an die Oberfläche gestiegen sind, diese mit einem Schaumlöffel herausnehmen. Die Nordseekrabben abbrausen und mit etwas Butter in eine Pfanne geben. Die Krabben 2 bis 3 Minuten in der Butter schwenken. Die fertigen Gnocchi in die Pfannen geben und mit Muskatnuss würzen. Mit Parmesan bestreut servieren.

ꕥ

Nudeln mit Gemüseallerlei

für 4 Portionen

Diese Nudeln sind schnell zubereitet und reich an Vitamin C und Kalzium. Mit dem gemischten Gemüse hat Ihr Baby viele unterschiedliche Formen, Konsistenzen und Farben zu entdecken.

500 g TK-Gemüse (Brokkoli, Blumenkohl, Möhren, Erbsen)
350 g Spiralnudeln (Fusilli)
200 g gekochter Schinken
1 Zwiebel
Rapsöl
200 g Frischkäse
50 g geriebenen Gouda

Das Gemüse in einem Topf mit Wasser gar dünsten. Die Fusilli nach Packungsanleitung kochen. Die Zwiebel schälen und in kleine Würfel schneiden. Den Schinken klein schneiden. Die gewürfelte Zwiebel mit etwas Öl in einer Pfanne glasig dünsten, den Schinken und den Frischkäse dazugeben. Den Frischkäse einige Minuten unter ständigem Umrühren schmelzen. Das Gemüse in die Pfanne geben und unter die Frischkäsesauce heben. Die Nudeln abgießen und mit der Gemüse-Schinken-Sauce anrichten. Mit dem geriebenen Gouda servieren.

Tomaten-Salbei-Gnocchi *

für 3 Portionen

Dieses Gericht eignet sich für Breifrei-Anfänger, da alle Lebensmittel gut zu greifen und von ihrer Konsistenz gut zu kauen sind. Tomaten sind reich an Kalium, das für die Regulierung des Blutdrucks bedeutsam ist. Die frischen Kräuter geben der Sauce eine tolle Würze und eine Extraportion gesunde Nährstoffe.

800 g selbstgemachte Gnocchi oder aus dem Kühlregal
1 Zwiebel
1 EL Butter
2 EL Olivenöl
1 Dose stückige Tomaten
20 Salbeiblätter
1 Rosmarinzweig
1 EL gehackte Petersilie
1 EL gehackter Thymian
50 g geriebener Parmesan

Die Zwiebel schälen und in Würfel schneiden. Salbeiblätter waschen und trocknen. Die Butter in einer Pfanne erhitzen, die Salbeiblätter 2 Minuten darin anschwitzen und anschließend herausnehmen. Rosmarin sehr fein hacken. Die Zwiebelwürfel in der gleichen Pfanne glasig dünsten. Die Tomatenstücke mit den Kräutern hinzufügen und bei geringer Hitze 5 Minuten köcheln. Die Gnocchi in kochendem Wasser mit Olivenöl garen bis sie an die Oberfläche kommen. Die fertigen Gnocchi unter die Tomatensauce heben, Salbeiblätter drunter mischen und mit Parmesan bestreut servieren. Nach Bedarf mit Salz und Pfeffer nachwürzen.

Gnocchi mit Spinatsauce *

für 3 Portionen

Ein gesundes Gericht für alle Spinatliebhaber und Breifrei-Anfänger. Spinat hat einen hohen Anteil an gesunden Mineralien wie Eisen, Magnesium und Kalium.

1 Packung Gnocchi (oder selbstgemacht)
300 g gehackter Spinat
1 Zwiebel

1 cm großes Stück Ingwer
2 EL Butter
3 EL Rosinen
150 g Frischkäse
2 TL Currypulver
2 EL Sesam
250 ml Gemüsebrühe

Ingwer, Zwiebel und Knoblauch schälen und fein hacken. Die Butter in einem Topf schmelzen lassen. Den klein gehackten Knoblauch, Zwiebel und Ingwer hinzufügen. Currypulver dazugeben und einige Minuten anbraten. Den Spinat, Sesam und die Rosinen zugeben und mit der Gemüsebrühe bei mittlerer Hitze für 10 Minuten köcheln lassen. Zum Schluss den Frischkäse unter den Spinat heben und für weitere 3 Minuten garen. Die fertige Sauce zu den Gnocchi servieren.

Rigatoni mit Pecorino-Käse *

für 3 Portionen

Rigatoni haben eine ideale Länge und Breite für die Hände Ihres Babys. Sie lassen sich gut greifen und sind aufgrund der weichen Struktur leicht zu essen.

400 g Rigatoni
1 Zucchini
10 Cherrytomaten
2 Knoblauchzehen
5 getrocknete Tomaten
3 EL Walnussöl
3 Stängel frischer Basilikum
2 Stängel Petersilie
2 Stängel Thymian
10 entkernte Oliven
100 g geriebener Pecorino-Käse

Die Rigatoni nach Packungsanleitung kochen. Die Zucchini und Tomaten waschen und trocknen. Die Zucchini würfeln. Die Knoblauchzehen schälen und klein schneiden. Getrocknete Tomaten in Streifen schneiden. Walnussöl in einer Pfanne erhitzen, das klein geschnittene Gemüse dazugeben und alles einige Minuten weich braten. Die Kräuter in der Zeit waschen, trocken schütteln, Blätter von den Stängeln zupfen und klein schneiden. Die Oliven halbieren. Die fertigen Rigatoni mit den geschnittenen Kräutern und Olivenhälften für 5 Minuten in der Gemüsepfanne wenden. Den Pecorino drüberstreuen und das Gericht auf dem eigenen Teller mit Salz und Pfeffer abschmecken.

Ricotta-Walnuss-Ravioli *

für 15 Stück

Selbstgemachte Ravioli sind schnell zubereitet und können mit verschiedenen Füllungen hergestellt werden. Sie sind für Babys leicht mit den Händen, aber auch mit der Gabel zu essen.

Für den Nudelteig:
400 g Mehl
4 Eier
3 EL Wasser
1 Prise Salz

Für die Füllung:
50 g Ricotta
50 g geriebener Parmesan
50 g gemahlene Walnüsse
1 EL Schnittlauchröllchen
2 Stängel Basilikum
Für die Spinatsauce:
125 g TK-Blattspinat
50 g Schlagsahne
1 Prise geriebene Muskatnuss

Mehl, Eier, Wasser und das Salz in einer Schüssel vermischen und zu einem Teig kneten. Diesen 1 Stunde im Kühlschrank ruhen lassen. Währenddessen die Füllung vorbereiten. Den Ricotta, Parmesan, die gemahlenen Walnüsse, Schnittlauchröllchen und gewaschene Basilikumblätter mit einem Pürierstab cremig mixen. Den Nudelteig ausrollen und mit einem Glas oder einer Ausstechform runde Kreise aus dem Teig stechen. Mit einem Teelöffel die Ricottacreme in die Mitte eines Nudelkreises füllen und einen weiteren Nudelkreis darüber legen. Die Ränder mit Zeigefinger und Daumen verschließen. Eventuell mit Wasser über die Ränder pinseln. Einen Topf mit kochendem Wasser vorbereiten. Die Ravioli in das köchelnde Wasser geben. Wenn die Nudeln nach oben steigen, können sie mit einem Schöpflöffel herausgenommen werden. Für die Sauce den TK-Spinat auftauen, mit Sahne und Muskatnuss in einem Topf erhitzen und über die fertigen Ravioli geben.

Pesto

Pesto lässt sich schnell und auf Vorrat herstellen. Ein leckeres und gesundes Nudelgericht ist dann schnell angerichtet. Pesto kann auch als Aufstrich auf getoastetem Brot oder in Kombination mit Gemüse, Fisch oder Fleisch zu Nudeln gereicht werden. Da Pesto zu einem Großteil aus frischen Kräutern besteht, ist er vitamin- und eisenreich. Für die Herstellung von Pesto sind nur die Zutaten entscheidend. Die Reihenfolge der Zugabe ist für den endgültigen Geschmack irrelevant. Auch die Mengenzugabe kann je nach Vorlieben und Geschmacksintensität verändert werden. Sie benötigen nur einen Stabmixer, um Nüsse, Kräuter und Käse zu einem Mus verarbeiten zu können. Das frische Pesto hält sich in einem Twist-Off-Glas etwa eine Woche im Kühlschrank

Basilikum-Pesto *

1 Bund frischer Basilikum
½ Bund Petersilie
50 g Pinienkerne
50 g Cashewkerne
100 ml Walnussöl
80 g geriebenen Parmesan

Walnuss-Pesto *

200 g geschälte Walnüsse
100 ml Walnussöl
50 g geriebener Pecorino-Käse
50 g geriebener Parmesan
1 kleine Knoblauchzehe

Tomaten-Pesto *

150 ml Rapsöl (wahlweise Olivenöl)
1 Glas getrocknete Tomaten
2 EL Tomatenmark
50 g Parmesan

Oliven-Pesto *

2 EL ungesalzene Pistazienkerne
1 kleine Knoblauchzehe
50 g entsteinte Oliven
1 TL Zitronensaft
50 g Parmesan
100 ml Olivenöl
Pfeffer (nach Bedarf)

Risotto

Risotto fällt Breifrei-Anfängern leicht zu essen. Die cremige Reismasse lässt sich gut mit den Händen greifen und bleibt für die Babys, die sich am Besteck üben, gut am Löffel und an der Gabel haften. Risotto lässt sich je nach Vorlieben mit verschiedenen Gemüse-, Käse- oder Fleischsorten kombinieren und die Zutaten können in der Größe und Beschaffenheit entsprechend den Fähigkeiten des Kindes ausgewählt werden. Risotto wird in der Regel in Gemüsebrühe aufgekocht. Da die handelsüblichen Brühwürfel oft einen hohen Natriumgehalt aufweisen, ist es ratsam Brühe in größeren Massen selbst herzustellen (siehe Seite 119) oder natriumarme Brühe im Reformhaus zu besorgen. Zum Schluss kann der Risotto auf dem eigenen Teller mit Salz und Pfeffer abgeschmeckt werden.

Damit der Risotto cremig und klebrig wird, kann am Ende ein Stück salzarme Butter und Parmesan dazugegeben werden. Veganer ersetzen die Butter durch Mandelmus. Risotto muss bei der Zubereitung ständig gerührt werden, damit er nicht festklebt. Wenn Ihr Baby gerade sehr anhänglich ist und sich nicht alleine beschäftigen kann, können Sie es während des Kochens in ein Tragetuch binden.

Risotto mit Möhren und Erbsen *

für 4 Portionen

Bei diesem schnellen Gericht, das auch für Essanfänger geeignet ist, laden Erbsen und Möhren dazu ein, aus dem Reis heraus gepickt zu werden.

4 Schalotten
4 Möhren
300 g TK-Erbsen
30 g Butter
400 g Risottoreis
500 ml Gemüsebrühe
100 g Frischkäse
50 g Parmesan

Die Schalotten und Möhren schälen und fein würfeln. Schalotten in etwas Butter glasig dünsten. Erbsen in warmem Wasser auftauen. Die Möhren und den Risottoreis zu den Schalotten geben und mit Gemüsebrühe ablöschen. Den Gemüsereis unter regelmäßigem Rühren auf kleinster Flamme 25 Minuten kochen lassen. Nach Bedarf etwas Gemüsebrühe nachfüllen, bis der Reis gar gekocht ist und die Flüssigkeit aufgesogen wurde. Den Frischkäse, Parmesan und die Erbsen unter den Reis mischen. Für weitere 2 Minuten erwärmen. Die eigene Portion mit Salz und Pfeffer abschmecken.

ꕥ

Spinat-Risotto *

für 4 Portionen

Der Risotto lässt sich ohne großen Aufwand schnell kochen und ist aufgrund der Konsistenz leicht für Babys zu greifen und zu essen.

250 g TK-Spinat
1 Schalotte
400 g Risottoreis
400 ml Gemüsebrühe
½ Bund geschnittene Petersilie
1 EL Butter
50 g Parmesan

Den Spinat auftauen. Die Schalotte schälen und in feine Würfel hacken. In etwas Öl glasig dünsten. Den Risottoreis dazugeben und eine Minute mit dünsten. Mit Gemüsebrühe ablöschen. Auf kleiner Flamme für 15 Minuten unter ständigem Rühren gar köcheln. Spinat und Petersilie dazugeben. Die Butter hinzufügen und mit Parmesan bestreut servieren.

ꕥ

Ziegenkäse-Risotto *

für 4 Personen

Der Risotto ist für Breifrei-Anfänger nicht nur ein besonderes Geschmackserlebnis, sondern es stecken durch den hohen Anteil an Ziegenkäse viele Spurenelemente, wie Jod und Zink, sowie Linolsäure und Vitamine im Gericht. Der Rucola sollte möglichst klein gehackt sein, da er ansonsten schwer für Babys zu schlucken ist, die mit nur wenigen Zähnen bestückt sind.

1 Schalotte
3 EL Rapsöl
300 g Risottoreis
1 l Hühnerbrühe
1 Bund Rucola
50 g getrocknete Tomaten
80 g geriebener Ziegenkäse
3 Scheiben Ziegenweichkäse (Rolle)

Den Backofen auf 180 °C vorheizen. Die Schalotte schälen und fein hacken. 2 EL Rapsöl in einem Topf erhitzen und die Schalotten glasig dünsten. Den Reis zufügen und einige Minuten anschwitzen. Mit etwas Hühnerbrühe ablöschen. Immer wieder etwas Brühe nachgießen, wenn die Flüssigkeit verkocht ist, dabei regelmäßig rühren, damit der Reis nicht festklebt. Den Ziegenweichkäse auf ein Backblech geben und mit der Grillfunktion für 15 Minuten goldbraun backen. In der Zeit den Rucola waschen, trocken schütteln und grob hacken. Die Tomaten auf einem Küchenpapier abtropfen lassen und in Streifen schneiden. Nachdem die Hühnerbrühe verkocht ist, den geriebenen Ziegenkäse, die Tomatenstreifen und den Rucola drunter mischen. Die fertigen Ziegenkäsescheiben aus dem Backofen nehmen und auf dem Risotto anrichten.

Gemüse-Risotto **

für 4 Personen

400 g Risottoreis
1 Zucchini
250 g Zuckerschoten
12 Cocktailtomaten
200 g Brokkoli
2 EL Kokosöl
800 ml Gemüsebrühe

Die Zucchini, Zuckerschoten, Tomaten und Brokkoli waschen und trocknen. Die Zucchini in Scheiben schneiden und den Brokkoli in kleine Röschen zerteilen. 1 EL Kokosöl in einem Topf schmelzen lassen und den Reis darin anschwitzen. Mit etwa einem halben Liter Brühe ablöschen und bei schwacher Hitze für 20 Minuten köcheln lassen. Dabei gelegentlich umrühren, damit der Reis sich nicht am Boden des Topfes festsetzt. Sollte die Brühe verkocht sein, etwas Brühe nachgeben. In einer Pfanne das restliche Kokosöl erhitzen und das Gemüse darin anbraten. Mit 100 ml Brühe ablöschen und einige Minuten darin köcheln lassen. Das Gemüse mit der restlichen Brühe zum Risotto geben und für weitere 5 Minuten köcheln lassen bis die Flüssigkeit verdampft ist. Auf dem eigenen Teller den Risotto bei Bedarf mit Salz und Pfeffer abschmecken.

Fleisch

Sie werden überrascht sein, wie gut Ihr Kind Fleisch bearbeiten und essen kann. Gekochtes Hähnchenfleisch, selbstgemachte Nuggets oder Gehacktes sind sehr leicht für Babys zu greifen und zu essen.

❧

Hühnerfrikassee

für 4 Personen

Je nach Fähigkeiten des Kindes kann das Hühnerfrikassee mit Reis oder Risotto kombiniert werden. Für viele Babys um den 8. Monat ist das Gericht besonders reizend, da es viele Kleinteile zum Auflesen gibt. Für ältere Kinder um 1 Jahr ist es mit Löffel wie Gabel leicht zu essen.

2 Zwiebeln
Suppengemüse
½ Hähnchen
2 Lorbeerblätter
100 g Champignons
100 g TK-Erbsen
1 Bund Schnittlauch
3 Stängel Petersilie
40 g Mehl
40 g Butter
1 Eigelb
1 EL Kapern

Für die Hühnerbrühe das Suppengemüse waschen, schälen und in grobe Stücke schneiden. Das Suppenhuhn abbrausen und gemeinsam mit dem Gemüse und dem Lorbeerblatt in 1,5 Liter Wasser geben. Für 1 Stunde köcheln lassen. Die Champignons abbürsten und in Scheiben schneiden. Den gewaschenen Schnittlauch und die Petersilie fein hacken. Das Hähnchen aus der Brühe nehmen. Die Brühe durch ein Sieb gießen. Das Fleisch von Haut und Knochen lösen und in mundgerechte Stücke schneiden. Die Butter in einem Topf schmelzen lassen, das Mehl unter ständigem Rühren in die Butter geben und mit Brühe ablöschen. Die Möhren und das andere Gemüse aus der Hühnerbrühe, Erbsen und Champignons dazugeben. Das Eigelb mit etwas Brühe vermischen und zur Sauce kippen. Die Sauce einige Minuten köcheln lassen. Hähnchenstücke, Kapern, Petersilie und Schnittlauch unter die Sauce mischen. Das Frikassee mit Salz und Pfeffer auf dem eigenen Teller abschmecken.

❧

Hähnchen-Nuggets

für 20 Stück

Nuggets sind leicht selbstgemacht und können beliebig mit Kräutern kombiniert werden. Frische Kräuter enthalten viele Vitamine und haben oft einen hohen Eisengehalt. Die Nuggets sind für Babys gut zu essen, da das gemixte Fleisch eine weiche Konsistenz hat.

20 g Hirsebällchen oder -kringel
20 g Buchweizenflakes oder ungesüßte Cornflakes
50 g Kokosflocken
50 g gemahlene Mandeln
2 EL Parmesan
1 Zwiebel
Frische Kräuter
500 g Hähnchenbrustfilet
2 Eier
1 EL flüssiges Kokosöl
1 EL Rapsöl

Die Hirsekringel und Buchweizenflakes in einen Gefrierbeutel füllen, die Luft raus lassen und mit einem Nudelholz zerkleinern. Die Kokosflocken und gemahlenen Mandeln mit den zerkleinerten Hirsekringel und Buchweizenflakes in einer Schale vermengen. Den Parmesan reiben. Die Zwiebel schälen und in Würfel schneiden. Die frischen Kräuter waschen, trocken schütteln, von den Stängeln zupfen und klein schneiden. Das Hähnchenbrustfilet von Sehnen und Fett befreien. Den Parmesan, Zwiebel, Kräuter und das Hähnchenbrustfilet mit einem Mixstab zerkleinern. In einem tiefen Teller die Eier mit dem Kokosöl verquirlen und in einem weiteren die zerbröselten Hirsekringel und Buchweizenflakes verteilen. Aus der Hähnchenmasse kleine Nuggets formen. Diese vorsichtig in Ei und anschließend in den Bröseln wenden. Die Nuggets auf ein mit Backpapier ausgelegtes Backblech legen und bei 170 °C Umluft 15 Minuten von jeder Seite goldbraun backen.

Mexikanische Bouletten

für 6 Stück

Die Maiskörner und Bohnen machen die Frikadelle bunter und laden ein, sie aus der Frikadelle zu picken. Selbstgemachte Bouletten haben den Vorteil, dass nur drin steckt, was von Ihnen selbst in die Hackfleischmasse gegeben wird.

400 g gemischtes Hackfleisch
1 Zwiebel
100 g Maiskörner
100 g rote Bohnen
1 kleine Spitzpaprika
1 Ei
1 TL gemahlener Kreuzkümmel
2 EL Rapsöl

Das Backpapier auf einem Backblech vorbereiten. Den Backofen auf 180 °C vorheizen. Das Hackfleisch in eine Schale geben. Die Zwiebel schälen und in feine Stücke hacken. Die Paprika waschen, trocknen und in kleine

Würfel schneiden. Mais und Bohnen abtropfen und mit der gehackten Zwiebel, den Paprikastücken und dem Ei zum Hackfleisch geben. Leicht würzen und alles zu einer Masse vermischen. Die Frikadellen aus 2 EL Masse formen und auf ein Backblech legen. Die Frikadellen mit Rapsöl einpinseln und 20 Minuten goldbraun backen.

∽

Penne mit Dattel-Hackfleisch-Sauce

für 4 Portionen

Die Sauce schmeckt durch die Zugabe von Datteln herzhaft-süß. Hackfleisch hat für Breifrei-Anfänger eine tolle Konsistenz, die sich gut greifen und auch ohne Zähne essen lässt. Beim Kauf von getrockneten Früchten, wie Datteln darauf achten, dass sie ungeschwefelt, also ohne Schwefeldioxide behandelt worden, sind. Geschwefelte Früchte können stark abführend wirken und Übelkeit auslösen. Getrocknete Datteln sind sehr eisenreich.

250 g gemischtes Hackfleisch
1 Zwiebel
1 Knoblauchzehe
2 EL Kokosöl
1 Dose stückige Tomaten
200 g Kichererbsen (oder 1 Dose)
1 EL Tomatenmark
1 Prise Kreuzkümmel
1 Prise edelsüßes Paprika
6 getrocknete Datteln ohne Kern

Die Zwiebel und den Knoblauch schälen und in feine Stücke hacken. Kokosöl in einer Pfanne erhitzen und die Zwiebeln glasig dünsten. Das Hackfleisch und den Knoblauch dazugeben und so lange braten, bis das Fleisch durch ist. Die Gewürze mit den Tomaten und dem Tomatenmark hinzugeben und 15 Minuten köcheln lassen. Inzwischen die Datteln in Streifen schneiden und die Kichererbsen aus der Dose abtropfen. Beides in die Fleischsauce geben und weitere 15 Minuten garen.

∽

Chilenischer Maisauflauf

für 6 Portionen

Dieses Gericht wird traditionell auf chilenischen Hochzeiten gegessen. Dort wird der Auflauf allerdings noch mit Zucker bestreut, bevor er in den Backofen kommt. Eine natürliche Süße erhalten Sie, wenn Sie Rosinen mitkochen.

1 kg Maiskörner (aus der Dose)
3 Zwiebeln
500 g Hackfleisch
1 Tasse Rosinen oder 1 Tasse Oliven
500 ml Milch
1 Eigelb

1 Prise Kreuzkümmel
1 EL Rapsöl

Den Backofen auf 180 °C vorheizen. Die Maiskörner abtropfen und pürieren. Die Zwiebeln in Würfel schneiden und in einer Pfanne mit etwas Öl andünsten. Das Hackfleisch dazugeben und gut durchbraten. Mit Kreuzkümmel würzen und Rosinen oder Oliven drunter mischen. Den pürierten Mais mit so viel Milch in einen Topf geben, dass der Mais gerade mit Milch bedeckt ist. Das Ganze zum Kochen bringen. Nachdem alles gut durchgekocht ist, ein Eigelb unter die Masse heben. Das Fleisch in die Auflaufform geben und die Maismasse darüber verteilen. Etwa 15 Minuten backen.

Mediterraner Hackbraten

für 4 Portionen

Der Hackbraten ist ebenfalls ein gut geeignetes Gericht für Breifrei-Anfänger, da das Fleisch eine weiche Konsistenz hat. Die Beilage kann gern mit weiterem Gemüse ergänzt werden.

1 Zwiebel
je 3 Zweige Thymian und Rosmarin
1 Dose geschälte Tomaten
3 EL Kokosöl
2 EL Rapsöl
10 entsteinte Oliven
600 g festkochende Kartoffeln
½ Topf glatte Petersilie
2 Knoblauchzehen
5 Peperoni
200 g Schafskäse
500 g gemischtes Hackfleisch
2 Eier
Salz, Pfeffer und Paprika

Den Backofen auf 180 °C vorheizen Die Zwiebel schälen und fein würfeln. Kräuter abbrausen und trocken schütteln. Zwiebelwürfel in einem Topf mit etwas Kokosöl glasig dünsten. Die Tomaten mit Thymian und Oliven aufkochen, eventuell mit Salz, Zucker und Pfeffer abschmecken. Die Kartoffeln waschen und vierteln. Rosmarinnadeln von den Stängeln zupfen und mit Rapsöl vermischen. Die Kartoffelspalten mit dem Rosmarinöl mischen und auf einem Backblech verteilen. Die Petersilie waschen und mit den geschälten Knoblauchzehen hacken. Die Peperoni in feine Ringe schneiden und den Schafskäse würfeln. Das Hackfleisch mit den Eiern, Paniermehl, Knoblauch, Peperoniringen und Schafskäse in eine Schüssel geben. Anschließend die Masse mit Paprika, Salz und Pfeffer vermischen. Die Hackmasse zu einem Braten formen und in eine Auflaufform setzen. Die Tomatensauce um den Braten gießen und für 40 Minuten im Backofen garen. Das Backblech mit den Kartoffelspalten ebenfalls in den Backofen schieben. Die Zucchini waschen, der Länge nach vierteln und in 2 cm große Stücke schneiden, mit Rapsöl mischen und nach 20 Minuten zu den Kartoffelspalten geben und garen.

∽

Schweinefilet auf Ananas

für 3 Portionen

Wenn es schnell gehen muss, greifen Sie auf dieses leckere Gericht zurück. Fürs Baby ist es ein vitamin- und eisenreiches Geschmackserlebnis.

300 g Zwiebeln
1 kleine Ananas
1 Mango
2 EL Rapsöl
2 Schweinefilets (á 400 g)
1 Chilischote (nach Bedarf)
2 frische Thymianzweige
2 frische Rosmarinzweige
Salz

Den Backofen auf 200 °C vorheizen. Die Zwiebel schälen und in feine Stücke schneiden. Die Ananas und Mango schälen, den harten Innenkern heraus schneiden und das Fruchtfleisch würfeln. Rapsöl in einer Bratpfanne erhitzen. Die Schweinefilets abspülen, trocken tupfen und im heißen Öl von allen Seiten bräunlich anbraten. Zwiebeln dazugeben und glasig dünsten. Die Chilischote in feine Ringe schneiden und zu den Zwiebeln geben. Thymian- und Rosmarinzweige waschen, trocken schütteln und zu den Zwiebeln und der Chilischote geben. Die gewürfelte Ananas und Mango um das Fleisch verteilen. 250 ml Wasser in die Bratpfanne geben und 30 Minuten ohne Deckel im Backofen garen. Sollte das Wasser verdunsten, Wasser nachgießen, damit das Fleisch nicht austrocknet. Zu dem Fleisch passen Penne oder Muschelnudeln.

Tipp für die Erwachsenen: *Für eine Bratensauce etwas Bratenfond in den Fleischsud geben.*

∽

Homemade Cheeseburger

für 4 ½ Cheeseburger

Dieser Burger schmeckt besser als in jedem Fast-Food-Laden und ist aufgrund der enthaltenen frischen Kräuter vitaminreicher. Die Zubereitung geht spielend leicht und für die Kleinen in der Familie können die Burger in Kinderhandgröße hergestellt werden. Viele Breifrei-Anfänger zerlegen ihren Burger zunächst in seine Einzelteile, bevor er gegessen wird.

Für das Brot:
175 g Mehl
10 g Hefe

40 ml lauwarme Milch
1 TL Reissirup
15 g Butter
1 Ei
½ TL Salz
2 EL Sesam

Den Backofen auf 180 °C vorheizen. Das Mehl in eine Schüssel sieben, eine Mulde für die Hefe, den Reissirup und die warme Milch bilden. Alles miteinander verrühren und für 10 Minuten an einem warmen Ort gehen lassen. Die Butter schmelzen und mit einem Ei und etwas Salz zu dem Teig geben. Alles miteinander verkneten und weitere 15 Minuten gehen lassen. Aus dem Teig runde Brötchen formen und auf einem Backblech flach drücken. Mit Wasser und Eiweiß bestreichen und gleichmäßig mit Sesam bestreuen. Die Brötchen für 15 Minuten im Backofen backen.

Für das Fleisch:
1 fein gehackte Zwiebel
400 g Hackfleisch
je 1 EL gehackter Thymian, Rosmarin und Petersilie
Pfeffer, Salz und Paprika

Alle Zutaten in eine Schüssel geben und miteinander vermischen. Um die Hackfleischmasse sehr fein zu bekommen, wird alles mit einem Mixstab gemixt. Aus der Masse Fleischbouletten formen und auf dem Grill oder in der Pfanne von beiden Seiten grillen. Für das Baby wird die Fleischboulette kleiner geformt.

Für den Belag:
Käsescheiben oder geriebener Gouda
saure Gurken
Tomaten
rote Zwiebeln
Senf

Das Brötchen aufschneiden und mit Käse, in Scheiben geschnittene Zwiebeln, Gurke und Tomaten belegen. Die andere Brötchenhälfte wird nach Bedarf mit Senf bestrichen. Damit der Käse schmilzt, kurz in den noch aufgewärmten Backofen legen und warm servieren. Dazu passen selbst gebackene Kartoffelecken mit Rosmarin.

Bolognese-Sauce

für 4 Portionen

Diese Sauce schmeckt am besten, wenn sie mehrere Stunden ziehen kann. Deshalb empfiehlt es sich größere Mengen zu kochen und diese portionsweise einzufrieren. Die Konsistenz ist für Babys mit wenig Zähnen angenehm zu kauen und zu schlucken. Für Essanfänger, die noch mit der ganzen Hand greifen, ist es vorteilhafter, wenn das Fleisch nicht zu kleinkörnig gebraten wird. In traditionellen Bolognese-Rezepten wird der Sauce gerne etwas Rotwein zugegeben. Den habe ich aufgrund des Alkohols, der sich nicht wie oft angenommen, während des Kochzustands verkocht, weggelassen. Allerdings gibt er der Sauce eine Extrawürze. Wer es gerne mit Rotwein probieren möchte, kann vor der Zugabe etwa Sauce für das Baby beiseite stellen.

1 Zwiebel
1 Knoblauchzehe
1 Möhre
1 Stück Sellerie
50 g Speck am Stück
2 EL Kokosöl
400 g Hackfleisch
3 EL Tomatenmark
2 TL getrockneter oder frischer kleingehackter Oregano
4 Zweige frischer Thymian
1 Zweig frischer Rosmarin
3 EL gehackter Basilikum
1 Lorbeerblatt
1 Dose Tomaten
125 ml Rinderbrühe
80 g Parmesan

Zwiebel, Knoblauch, Möhren und Sellerie schälen. Alles in kleine Würfel schneiden. Alle verarbeiteten Zutaten und das Stück Speck mit etwas Kokosöl in einen Topf geben und für einige Minuten andünsten. Das Hackfleisch dazugeben und anbraten. Das Tomatenmark, die Kräuter, ein Lorbeerblatt und die Tomaten mit dem Saft aus der Dose zum Fleisch geben. Mit der Fleischbrühe für 1 Stunde auf kleiner Flamme köcheln lassen. Bei Bedarf etwas Fleischbrühe nachgießen. Vor dem Servieren das Lorbeerblatt und den Speck entfernen. Die eigene Portion nach Bedarf mit Salz und Pfeffer abschmecken. Die Sauce schmeckt zu Makkaroni, Spaghetti oder Reis.

Tipp: *Mit frisch geriebenem Parmesan servieren.*

❧

Fisch

Fisch ist reich an Omega-3-Fettsäuren, die für die Gehirnentwicklung des Babys förderlich sind. Die folgenden Gerichte lassen sich schnell zubereiten, sind für Babys Hände perfekt zu greifen und gesund. Am besten eignen sich Fischfilets, da sie grätenarm sind. Trotzdem sollte der Fisch immer nach Gräten abgetastet werden, denn es können dennoch kleine Gräten enthalten sein.

Fisch im Schiffchen

für 4 Portionen

Dieses schnelle und gesunde Mittagessen ist gerade für den breifreien Anfang geeignet. Das Baby kann sich sein favorisiertes Gemüse im Originalzustand heraussuchen und sich an dem Fisch probieren.

4 Teile Seelachs- oder Kabeljaufilet
100 g Cocktailtomaten
1 Zucchini
100 g Brokkoli
2 Knoblauchzehen
3 EL Rapsöl oder wahlweise Olivenöl
4 Rosmarinzweige

Den Fisch waschen, trocknen und nach Gräten überprüfen. Die gewaschene Zucchini und geschälte Knoblauchzehen in Scheiben schneiden. Den Fisch in Alufolie legen und mit Knoblauch einreiben, das gewaschene Gemüse um den Fisch portionieren, mit Rapsöl beträufeln, jeweils einen Rosmarinzweig auf den Fisch geben und die Alufolie schließen. Den in Alufolie gepackten Fisch in eine Auflaufform legen und bei 220 °C im Backofen 20 Minuten garen.

Gegrillte Muscheln

für 4 Portionen

Wenn nur das Muschelfleisch serviert wird, eignen sich Muscheln gut zum Greifen und bieten einen neuen Geschmack für Babys Gaumen. Tomaten, Dill, Petersilie und Schnittlauch sind besonders reich an Kalium, das von Muskeln und Nerven gebraucht wird und den Blutdruck reguliert.

500 g kleine Venusmuscheln
5 EL Wasser
1 EL Butter
1 EL Olivenöl
3 EL geriebener Parmesan
2 EL gehackte Petersilie
2 fein gehackte Knoblauchzehen
1 Prise Pfeffer

Die Muscheln waschen und geöffnete wegwerfen. Die Muscheln mit dem

Wasser in einen Topf geben und 5 Minuten zugedeckt dämpfen, bis sich die Schale öffnet. Die Muscheln abgießen, geschlossene Muscheln wegwerfen und die obere Schale entfernen. Butter, Olivenöl, Parmesan, Petersilie und Knoblauch mischen. Auf jede Muschel etwas von der Kräuter-Käse-Mischung geben und bei 220 °C 3 Minuten im Backofen grillen. Nach Belieben die Muscheln auf dem eigenen Teller mit Pfeffer und Salz nachwürzen.

Selbstgemachte Fischstäbchen

für 12 Stück

Diese Fischstäbchen lassen sich in jede Form schneiden. Mit Ausstechformen für Plätzchen kann sich der Fisch sogar in Sterne und Herzen verwandeln. Da der Fisch so in gute Greifform gebracht werden kann, sind die Fischstäbchen besonders für Essanfänger geeignet.

300 g grätenarmer Fisch (Seelachs, Kabeljau, Lachs)
1 Ei
100 g Mehl
2 EL Rapsöl

Den Fisch waschen, trocken tupfen und in beliebige Form schneiden. Das Ei in einer Schüssel verquirlen. Einen weiteren Behälter mit Mehl vorbereiten. Die Fischstreifen zunächst im Ei und dann im Mehl wenden. Das Rapsöl in einer Pfanne erhitzen und die panierten Fischstäbchen in der Pfanne goldgelb von beiden Seiten braten.

Fischstäbchen mit Kartoffelpüree, Spiegelei und Spinat

für 3 Portionen

Dieser Klassiker, wenn es mal schnell gehen muss, eignet sich besonders für Breifrei-Anfänger. Spinat enthält viel Vitamin A, was den Stoffwechsel anregt, das Wachstum und die Sehkraft stärkt. Es war das erste Gericht unserer Tochter und sie liebte es den Püree mit der Hand in den Mund zu schaufeln.

1 Packung Fischstäbchen (oder selbstgemacht)
500 g Kartoffeln
1 Packung TK-Spinat
2 Eier
250 ml Milch
50 g Butter
1 Prise frisch geriebene Muskatnuss

Die Kartoffeln schälen und 20 Minuten weich kochen. Den Spinat in einem Topf auftauen und erwärmen. Die Fischstäbchen nach Packungsanleitung knusprig braten oder alternativ fettarm im Backofen backen. Kartoffeln mit Butter, Milch und frischer Muskatnuss zerstampfen. Eventuell mit einem Handrührgerät zu einer breiigen Masse pürieren. Die Eier in der Pfanne braten und alles auf einem Teller servieren. Bei Bedarf auf dem eigenen Teller mit Salz und Pfeffer nachwürzen.

Hinweis: *Das Spiegelei fürs Baby durchbraten, damit keine bakteriellen Infektionen auftreten können.*

Fisch-Gemüse-Sticks

für 20 Stück

Fisch-Gemüse-Sticks sind eine gute Variante um mit Fisch zu beginnen. Sie sind aufgrund der Form gut für die kleinen Hände zu greifen.

100 g Risottoreis
200 g Seelachsfilet
50 g TK-Erbsen-Möhrengemüse
1 Zwiebel
1 Knoblauchzehe
3 EL geriebener Gouda
3 EL frische Kräuter (Petersilie, Schnittlauch, Thymian)
2 EL Rapsöl
50 g Blumenkohl
75 g Brotkrumen
1 Ei
2 EL Milch

Den Risottoreis nach Packungsanleitung kochen. Den Blumenkohl waschen und so lange in kochendem Wasser garen, bis er weich ist. Das Seelachsfilet waschen, trocknen und in einer Pfanne kurz durch garen. Die Zwiebel und den Knoblauch schälen und fein würfeln. Die Kräuter waschen, trocken schütteln und klein hacken. Das Seelachsfilet, Zwiebel, Knoblauch, Erbsen-Möhren-Gemüse, Gouda und die frischen Kräuter mit dem Reis vermischen. Das Ei mit der Milch verquirlen und in eine flache Schüssel kippen. Die Brotkrumen auf einen separaten Teller legen. Mit einem Löffel krokettenförmige Sticks aus der Reis-Gemüse-Masse formen, in die Eimischung tunken und in den Brotkrumen wenden. Öl in einer Pfanne erhitzen und die Fisch-Gemüse-Sticks für einige Minuten knusprig braten. Auf einem Küchenpapier abtropfen lassen und servieren.

Überbackener Fisch mit Spinat

für 4 Portionen

Das ist ein würziges und vitaminreiches Gericht, das keinen großen Aufwand benötigt, um zubereitet zu werden. Der weiche Fisch ist für Babys einfach zu greifen und zu kauen.

400 g TK-Spinat
1 Prise Muskatnuss
4 Knoblauchzehen
800 g Fischfilet
2 EL Zitronensaft
200 g geriebener Käse

Den Backofen auf 200 °C vorheizen. Den Blattspinat auftauen lassen. Knoblauch schälen und in feine Würfel schneiden. Knoblauch und Muskatnuss mit dem Spinat mischen. Das Fischfilet waschen, trocknen, auf Gräten untersuchen und mit Zitronensaft beträufeln. Eine Auflaufform mit Öl bestreichen und den Fisch darin verteilen. Den Fisch mit Spinat belegen und Käse darüber streuen. Mit Alufolie abgedeckt 30 Minuten im Backofen garen. Dann die Folie abziehen und 5 Minuten weiter backen bis der Käse goldbraun wird.

Tomaten-Pesto-Seelachs-Überbackenes

für 4 Personen

Normalerweise benutze ich Olivenöl für die Marinade, das Gericht schmeckt aber auch mit Kürbiskernöl, Kokosöl oder Rapsöl. Das Kokosöl muss vor der Verarbeitung etwas erwärmt werden, damit es flüssig wird.

4 Seelachsfilets
1 Bund Basilikum
1 Bund Petersilie
50 g Pinienkerne
3 EL Öl
100 g Tomaten
2 Knoblauchzehen
50 g Parmesan

Den Backofen auf 180 °C vorheizen. Die Seelachsfilets waschen, trocken tupfen und in eine gebutterte Auflaufform nebeneinander legen. Basilikum und Petersilie kalt abbrausen, Blätter von den Stängeln zupfen und mit Öl, Pinienkernen und Parmesan zu einer Masse mixen. Die Tomaten waschen, trocknen und in Scheiben schneiden. Den Knoblauch schälen und in sehr feine Scheiben schneiden. Das Filet gleichmäßig mit dem Pesto bestreichen, die Tomaten- und Knoblauchscheiben darüber verteilen. Abschließend Öl darüber geben und mit Parmesan bestreuen. Mit Alufolie abgedeckt für 20 Minuten im Ofen garen. In den letzten 3 Minuten ohne Alufolie weiter garen, damit der Käse kross wird. Das Überbackene mit Kartoffeln oder Reis servieren.

Brühe

Da gekaufte Brühen oft sehr salzreich sind, bietet es sich an, verschiedene Brühen natriumarm selbst herzustellen. Es ist einfach und größere Mengen können in Eiswürfelportionen eingefroren werden. Gemüsebrühe lässt sich auch gut in Pulverform herstellen und konservieren.

Rinderbrühe

1 kg Rindfleisch
1 EL Rapsöl
1 Stange Lauch
2 Möhren
2 Zwiebeln
½ Knolle Sellerie
1 Bund Petersilie
3 Lorbeerblätter
5 Pfefferkörner
2 Tomaten
50 g Salz

Alle Zutaten waschen und wenn nötig in grobe Stücke schneiden. Das Fleisch in etwas Rapsöl mit Zwiebeln, Möhren, Lauch und Sellerie anbraten. Mit 1 l Wasser ablöschen. Die Petersilie, Lorbeerblätter, Pfefferkörner und Tomaten dazugeben und für 3 Stunden bei geringer Hitze köcheln lassen. Nach Bedarf Salz hinzufügen. Die Brühe durch ein Sieb schütten und die Flüssigkeit in Eiswürfelbeutel kippen und einfrieren.

Hähnchenbrühe

500 g Hähnchen oder ½ Hähnchen mit Haut
700 ml Wasser
1 Stangensellerie
3 Möhren
1 Bund Petersilie
10 schwarze Pfefferkörner
50 g Salz

Sellerie, Möhren und Petersilie waschen und in grobe Stücke schneiden. Alle Zutaten in einen großen Topf geben und mit so viel Wasser auffüllen, bis alles damit bedeckt ist. Das Wasser mit allen Zutaten einmal aufkochen und dann weitere 3 Stunden köcheln. Die Flüssigkeit durch ein Sieb schütten, abkühlen lassen und die klare Flüssigkeit in Eiswürfelportionen einfrieren.

Getrocknete Gemüsebrühe **

Getrocknete Gemüsebrühe benötigt zwar etwas Zeit, dafür lassen sich größere Mengen herstellen, von denen Sie lange etwas haben. Sie können alle Gemüsesorten wählen, die einen intensiven Geschmack haben und wenig Stärke enthalten. Kartoffeln eigenen sich daher nicht so gut für eine Brühe. Normalerweise wird bei einer gängigen Brühe 200 g Salz verarbeitet. Da wir uns an salzarme Kost gewöhnt haben und Babys möglichst wenig Salz zu sich nehmen sollen, verwende ich 50 g.

1 ½ Knollensellerie
700 g Möhren
300 g Stangen Staudensellerie
400 g Brokkoli
350 g rote Paprika
200 g Zwiebeln
1 Porree Stange
3 Knoblauchzehen
2 Kohlrabis
1 Bund Petersilie
½ Bund Thymian
50 g Salz

Das Gemüse und die Kräuter waschen, grob schneiden und in einem Mixer fein pürieren. Den Brei auf drei mit Backpapier vorbereitete Bleche streichen. Alles bei 80 °C für 15 Stunden trocknen. Damit die Flüssigkeit besser aus dem Gemüse entweichen kann, wird der Backofen mit einem Topflappen einen kleinen Spalt offen gehalten. Das getrocknete Gemüse vom Blech lösen und mit einem Mixer zu feinem Pulver verarbeiten. Die getrocknete Gemüsebrühe in verschließbare Dosen füllen. 3 bis 4 TL davon ergeben 1 l Brühe.

❧

Suppen

Suppen sind für den Breifrei-Anfang nicht die einfachste Disziplin. Der Umgang mit dem Löffel stellt sich als kompliziertes Unterfangen heraus und mit den Händen ist eine Suppe schlecht zu greifen. Doch es kann ganz einfach Abhilfe geschaffen werden, um auch Suppen in den Speiseplan zu integrieren. Entweder das Baby bekommt Brotstücke, um diese in die Suppe einzutunken und sie auf diese Weise zu essen oder es werden dickflüssige Suppen, wie eine Linsensuppe, gekocht. Ein Löffel kann dem Kind jederzeit als Hilfsmittel angeboten werden. Anfangs fällt es dem Kind noch schwer Lebensmittel zu löffeln. Einige Babys versuchen zwar ab einem bestimmten Alter die Bewegung der Erwachsenen nachzuahmen, allerdings bleibt noch nicht so viel auf dem Löffel haften. In dem Fall kann dem Baby geholfen werden, indem der Löffel für das Baby gefüllt wird und es den Löffel aber selbst zum Mund führt.

Der Vorteil von Suppen ist, dass Babys zu Beginn ihrer Esserfahrungen das Schlucken von groben Lebensmitteln gut üben können. Vorteile bieten auch, das schnelle Zubereiten größerer Portionen und die Möglichkeit des anschließenden Einfrierens.

Brokkoli-Suppe *

für 8 Portionen

Diese Suppe ist reich an Vitamin C, Kalzium und, aufgrund der Petersilie, auch an Eisen. Sie lässt sich schnell kochen und kann mit gerösteten Brotwürfeln serviert werden.

500 g Brokkoli
2 Zwiebeln
500 ml Gemüsebrühe
½ Bund Petersilie
2 EL Rapsöl
1 Prise Curry
1 Prise Muskatnuss
Salz und Pfeffer
1 EL Crème Fraîche
Brot

Den Brokkoli waschen und von den Stängeln entfernen. Die Zwiebeln schälen, würfeln und in einem Topf mit Öl andünsten. Die Brokkoliröschen dazugeben und mit heißer Brühe übergießen. Kräuter und Gewürze zufügen und 15 Minuten garen. Anschließend alles pürieren und Crème Fraîche drunter heben. Das Brot in kleine Würfel schneiden und mit Öl in einer Pfanne von beiden Seiten kross rösten. Die Suppe mit den gerösteten Brotwürfeln servieren.

ɤ

Zucchini-Suppe **

für 4 Portionen

Die Zucchini-Suppe ist mit einem Stück Brot gut zu dippen. Aufgrund des hohen Wassergehalts der Zucchini ist sie zudem noch kalorienarm.

4 mittelgroße Zucchini
1 große Zwiebel
1 Möhre
1 weiße Rübe
250 ml Gemüsebrühe
Brot zum Dippen

Das Gemüse waschen. Zwiebeln, Möhre und Rübe schälen. Alles in grobe Stücke schneiden und mit so viel Gemüsebrühe in einem Topf erhitzen, bis das Gemüse bedeckt ist. Für 20 Minuten auf kleiner Hitze weich kochen und mit dem Mixstab leicht pürieren. Brot zum Dippen in Streifen schneiden. Auf dem eigenen Teller nach Bedarf mit etwas Salz abschmecken.

ɤ

Hirsesuppe **

für 4 Personen

Hirse ist sehr eisenreich und kann aufgrund des Vitamin-C-Gehalts im Gemüse gut vom Körper aufgenommen werden. Das Kokosöl besitzt den höchsten Anteil an Laurinsäure von allen Fetten oder Ölen. Laurinsäure ist auch in der Muttermilch enthalten und schützt das Baby vor Infektionen. Menschen mit Darmproblemen sollen besser auf Kokosöl zurückgreifen, da es leichter verdaulich ist als andere Öle.

4 EL Hirse
1 TL Kokosöl
1 Zwiebel
½ Möhre
½ geschälte Gurke
1 EL getrockneten Thymian
8 Minzblätter
½ Bund geschnittener Schnittlauch
500 ml Gemüsebrühe

Die Hirse mit kaltem Wasser abbrausen. Das Gemüse waschen, schälen und in grobe Stücke schneiden. Kokosöl in einem Topf erhitzen, das Gemüse und die Hirse andünsten. Mit Gemüsebrühe ablöschen. Die Minzblätter waschen und mit dem Thymian zur Suppe geben. Die Suppe 20 Minuten köcheln lassen.

ɤ

Kartoffel-Kresse-Suppe **

für 8 Portionen

Die Kartoffel-Kresse-Suppe ist sehr dickflüssig und lässt sich bequem mit gerösteten Brotstücken essen. Das Baby kann Kartoffeln, Möhren und Brotstücke aus der Suppe herauspicken oder erste Versuche mit dem Löffel anstellen. Die Suppe erhält durch die Kresse nicht nur einen besonderen Geschmack, sondern auch viel Kalzium.

5 große Kartoffeln
1 Möhre
1 Stange Lauch
1 Zwiebel
1 EL Rapsöl
1 l Gemüsebrühe
1 Lorbeerblatt
½ Bund Petersilie
1 Töpfchen Kresse
Muskatnuss
Majoran
2 EL geschnittener Schnittlauch

Für die Brotwürfel:
Vollkorntoast
2 EL Rapsöl

Die Kartoffeln, Möhre und Zwiebel schälen und in Würfel schneiden. Den Lauch waschen und in Ringe schneiden. Die Zwiebeln in etwas Öl glasig dünsten und die Lauchringe dazugeben. Mit Gemüsebrühe ablöschen. Die Kartoffel- und Möhrenwürfel mit einem Lorbeerblatt zu den Zwiebeln geben. Für 20 Minuten leicht köcheln, bis die Kartoffel- und Möhrenwürfel weich sind. Petersilie und Kresse waschen, trocken schütteln und separat fein hacken. Das Lorbeerblatt aus der Suppe entfernen, Petersilie und ein Teil der Kresse in die Suppe geben. Diese mit einem Mixstab leicht pürieren und mit Muskatnuss und Majoran abschmecken. Die Suppe auf dem Teller mit Schnittlauchröllchen und Kresse bestreuen. Eventuell mit Salz und Pfeffer auf dem eigenen Teller abschmecken.

Für die Brotwürfel: Das Vollkorntoast in kleine Würfel schneiden. In einer Pfanne das Öl erhitzen und die Brotwürfel unter ständigem Wenden goldbraun rösten. Über die Suppe gestreut anrichten.

Linsensuppe mit Würstchen

für 6 Portionen

Diese dickflüssige Suppe kann mit einem Stück Brot oder von Breifrei-Fortgeschrittenen mit einem Löffel gegessen werden. Die Linsen und Würstchenstücke lassen sich mit den Händen oder Fingern aus der Suppe fischen. Vorsicht, dass die Suppe nicht zu heiß serviert wird.

1 Stange Porree
1 Packung Linsen
1,5 kg Kartoffeln
2 Brühwürfel
8 Wiener Würstchen

1 Prise Curry
Brot

Den Porree waschen, Endstück abschneiden und pürieren. Den Porree mit den Tellerlinsen in einen Topf, der zur Hälfte mit Wasser gefüllt ist, geben und mit Brühwürfel für 20 Minuten zum Kochen bringen. Die Kartoffeln schälen, würfeln und zu den Linsen hinzufügen. Die Würstchen in 2 cm große Stücke schneiden und zur Suppe dazugeben. Die Suppe kochen bis die Kartoffeln gar sind. Mit etwas Curry abschmecken und mit Brot servieren.

☙

Kokos-Zitronengras-Suppe **

für 4 Portionen

Diese Suppe stammt aus der thailändischen Küche und eignet sich besonders für vegan lebende Familien. Die Zucchini- und Champigonscheiben sind für Breifrei-Anfänger gut zu halten und zu erforschen.

1 Knoblauchzehe
1 Möhre
1 Stück Sellerie
1 kleine Chilischote (nach Bedarf)
1 cm dickes Stück Ingwer
½ Bund glatte Petersilie
70 g Lemongras
1 EL Rapsöl
600 ml Gemüsebrühe
400 ml Kokosmilch
200 g Champignons
1 Zucchini

Den Knoblauch schälen, Möhren, Sellerie und Ingwer schälen. Die Petersilie waschen und trocken schütteln. Das Zitronengras mit einem Messerrücken flach klopfen. Knoblauch, Möhren, Sellerie, Chilischote und Ingwer sehr fein hacken. Alles mit etwas Öl in einem Topf kurz anbraten. Mit der Gemüsebrühe und Kokosmilch ablöschen. Petersilie grob gehackt dazugeben und für etwa 20 Minuten köcheln lassen. Die Champignons und die Zucchini waschen, in Scheiben schneiden und zur Suppe geben. Zu dieser Suppe passen Reis oder Nudeln.

☙

Avocado-Creme-Suppe

für 4 Portionen

Champignons haben im gekochten Zustand eine glitschige Konsistenz, die für Babys ohne Zähne schwierig zu verarbeiten sind. In dem Fall können die Pilze fein gehackt in die Suppe gegeben werden. Champignons sind sehr ballaststoffreich, regulieren die Verdauung und liefern wertvolle Mineralstoffe. Die Avocado ist aufgrund ihrer hochwertigen ungesättigten Fettsäuren eine ganz besondere Steinfrucht, die den Blutzuckerspiegel senkt. Diese Suppe mit dem besonderen Pfiff ist schnell zubereitet und schmeckt auch Gästen.

2 Avocados
1 EL Butter
2 Schalotten
2 EL geschnittener Schnittlauch
1 EL Mehl
1 EL Oregano
5 Champignons
500 ml Hühnerbrühe
250 ml Milch
200 ml Sahne

Das Fruchtfleisch der Avocados herauslöffeln, in eine Schüssel füllen und mit einer Gabel zerdrücken. Die Butter in einen Topf geben und schmelzen, die in Stücke geschnittenen Schalotten und den Schnittlauch dazugeben und glasig anbraten. Das Mehl und das Oregano dazugeben und vermischen. Champignons waschen, trocknen und in Scheiben schneiden. Das Avocadopüree und die Champignonstreifen zufügen und erneut durchrühren. Die Hühnerbrühe hinzufügen und 10 Minuten kochen lassen. Zwischendurch umrühren. Zum Schluss die Milch und die Sahne dazugeben. Vor dem Abschmecken mit Pfeffer und Salz einen Teller für das Baby beiseite stellen. Wer die Suppe schärfer mag, kann eine Chilischote verwenden.

Salate

Salate sind zwar gesund, dennoch scheuen sich Eltern davor ihrem Baby Salat anzubieten, da Blattsalat ohne Zähne schwer zu kauen ist. Es gibt aber viele Salatsorten, die ein Baby ohne Probleme essen kann. Da ein zubereiteter Salat viele verschiedene Zutaten enthält, ist es für Babys besonders spannend die unterschiedlichsten Geschmacksrichtungen und Konsistenzen heraus zu finden und mit den Händen zu erforschen.

Baby-Blatt-Salat **

für 3 Portionen

Bis zum zweiten Lebensjahr fällt es einigen Kindern schwer Blattsalat zu zermahlen und zu schlucken. Besonders Eisbergsalat ist für Breifrei-Anfänger schwierig zu bewältigen, da er gegenüber Kopfsalat sehr hart in seiner Struktur und Konsistenz ist. Im ersten Jahr fehlen oft noch die erforderlichen Zähne um die Konsistenzprobleme zu überwinden. Der lose Blattsalat hingegen könnte am Gaumen fest kleben. Durch die zerdrückte Avocado fällt es dem Baby leichter, den Blattsalat zu schlucken. Blattgemüse, wie Spinat, Grünkohl oder Wildkräuter, eignen sich auch hervorragend für diesen Salat. Oft heißt es, Blattsalat und -gemüse seien nur »schnittfestes Wasser«, dabei ist grüner Salat sehr reich an gesunden sekundären Pflanzeninhaltsstoffen, Eisen und Chlorophyll, das krebshemmend wirken soll.

einige Blätter grüner Salat
1 reife Avocado
2 TL Zitronensaft
4 Cherrytomaten

Die Avocado mit der Gabel zerdrücken. Die Tomaten mit kochendem Wasser abbrühen, bis sich die Schale löst. Blätter und Tomaten sehr klein schneiden und kräftig mit der Avocado vermischen. Mit Zitronensaft abschmecken.

Tomaten-Paprika-Salat **

für 6 Portionen

Dieser Salat eignet sich als Vorspeise mit Baguette oder als Beilage zu Fisch, Fleisch und Kartoffelecken. Babys können den Salat gut greifen, da alle Teile klein geschnitten sind. Er schmeckt würzig und fruchtig zugleich, was für Breifrei-Anfänger ein tolles Geschmackserlebnis ist.

1 Fleischtomate
1 grüne Paprikaschote
1 Schalotte
2 Knoblauchzehen
½ Bund Koriander
1 EL Oliven Öl
Saft von ½ Limette

Tomate, Paprikaschote und Koriander waschen. Die Schalotte schälen und in Würfel schneiden. Die Fleischtomate und Paprikaschote für einige Minuten in einem Sieb dünsten, sodass die Schale sich ablöst. Anschließend in kleine Stücke schneiden. Die Korianderblätter fein hacken und den Knoblauch in einer Knoblauchpresse zerdrücken. Alle Zutaten in eine Schüssel geben und mit Limettensaft und dem Öl vermischen. Vor dem Servieren 30 Minuten ziehen lassen. Den Salat auf dem eigenen Teller mit Meersalz und Pfeffer abschmecken.

Ziegenkäse-Gambas-Salat

für 3 Portionen

Für Breifrei-Anfänger ist der Salat eine Herausforderung, da sich Salatblätter und Garnelen ohne Zähne nicht gut kauen lassen. Der Salat gehört zu den Favoriten in unserer Familie, so dass ich Ihnen diesen nicht vorenthalten will. Ihr Baby wird dennoch eine neue Erfahrung mit der Konsistenz und der Beschaffenheit von allen Zutaten machen können.

2 Rollen Ziegenfrischkäse
1 Salatkopf
1 EL Kokosöl
250 g Garnelen
1 Knoblauchzehe
2 EL Himbeeressig
3 EL Kürbiskernöl
½ Granatapfel
Reissirup oder wahlweise Honig

Den Ziegenfrischkäse auf einem Backblech für 15 Minuten bei 180 °C goldgelb backen. Den Salatkopf waschen und trocknen. Die Blätter grob zerkleinern. Die Gambas waschen und mit Kokosöl in der Pfanne braten. Die Knoblauchzehe schälen, in feine Scheiben schneiden und zu den Gambas mischen. Wenn die Gambas rosa und gekrümmt sind, aus der Pfanne nehmen und unter den Salat mischen. Den fertig gebackenen Ziegenkäse aus dem Backofen nehmen und für einige Minuten auskühlen lassen. Den Himbeeressig mit Öl vermischen, über den Salat geben und gut miteinander vermischen. Den Salat auf Tellern verteilen. Granatapfelkerne aus dem Granatapfel lösen und über den Salat verteilen. Die ausgekühlten Ziegenkäsescheiben in die Mitte der Teller positionieren. Mit etwas Reissirup den Salat verfeinern und mit Salz und Pfeffer auf dem eigenen Teller abschmecken.

∽

Warmer Kartoffelsalat mit Würstchen

für 4 Portionen

Mettwürstchen sind sehr salzhaltig und sollten daher nicht in großen Mengen vom Baby verzehrt werden. Dieses Gericht ist erfahrungsgemäß ein Hit, da alle Zutaten gut in der Hand des Babys liegen.

500 g Kartoffeln
1 rote Zwiebel
1 Prise Salz
2 TL Kümmel
2 Mettwürstchen
1 Bund Petersilie
3 EL geschnittene Schnittlauchröllchen
1 EL Rapsöl
Butter für die Auflaufform

Den Backofen auf 220 °C vorheizen. Die Kartoffeln waschen und in einen Topf mit Wasser geben. Das Kartoffelwasser nach Bedarf salzen und mit 2 TL Kümmel zum Kochen bringen. Die Kartoffeln 20 Minuten gar kochen. Zwiebeln schälen und in feine Ringe schneiden. Die Mettwürstchen mit einer Gabel einstechen und ebenfalls für 20 Minuten in einem Topf mit Wasser gar kochen. Die Petersilie waschen und trocken schütteln, Blätter von den Stängeln zupfen und fein hacken. Die gekochten Kartoffeln auskühlen lassen, pellen und anschließend halbieren. Die gar gekochten

Mettwürstchen in Scheiben schneiden und mit den Kartoffelhälften in einer gebutterten Auflaufform verteilen. Zwiebelringe und gehackte Kräuter unter die Kartoffel-Würstchen-Masse heben und alles mit Rapsöl beträufeln. Den Salat 10 Minuten im vorgeheizten Backofen backen und warm servieren. Nach Bedarf die eigene Portion mit Salz und Pfeffer würzen.

Tipp: *Zum Salat passt Tsatsiki.*

Hähnchen-Mangold-Reissalat

für 4 Portionen

3 Hühnerkeulen
1 l Hühnerbrühe
250 g Langkornreis
1 Mangold
1 rote Zwiebel
4 EL Rapsöl
3 EL Rosinen

Die Hühnerkeulen in der Hühnerbrühe zum Kochen bringen und 30 Minuten auf kleiner Flamme köcheln lassen. Die Hühnerkeulen aus der Brühe nehmen und beiseitelegen. Den Reis in der Hühnerbrühe gar kochen. Die Mangoldblätter gründlich waschen, vom Strunk entfernen, in Streifen schneiden und in etwas Wasser für 2 Minuten blanchieren. Das Fleisch in mundgerechte Stücke zupfen. Die Zwiebel schälen, fein würfeln und in Öl glasig dünsten. Den gekochten Reis und die Rosinen dazugeben und einige Minuten anbraten. Zum Schluss die Mangoldstreifen und das Hühnerfleisch dazugeben. Mit einigen Tropfen Sojasauce, Salz und Pfeffer auf dem eigenen Teller abschmecken.

Nudelsalat

für 8 Portionen

Dieser Nudelsalat ist für Babys leicht zu essen, da alle Lebensmittel in mundgerechte Stücke geschnitten werden. Er kann zur Abwechslung mit angebratenen Paprikastreifen kombiniert werden.

500 g Farfalle
2 Knoblauchzehen
1 Bund Basilikum
3 kleine Zucchini
250 g Kirschtomaten
15 Oliven ohne Kern
1 Dose Thunfisch im eigenen Saft
Saft von 1 ½ Zitronen
3 EL Schmand
6 EL Walnussöl
1 EL Thymian
Pfeffer und Salz

Die Farfalle nach Packungsanleitung kochen, abtropfen und in eine

Schüssel füllen. Den Knoblauch schälen, mit einer Knoblauchpresse zerkleinern und mit Walnussöl vermischen. Basilikum waschen, Blätter abzupfen, fein hacken und zum Walnussöl geben. Den Schmand und den Zitronensaft ebenfalls drunter heben. Die Zucchini und Tomaten waschen, würfeln und zu den Nudeln geben. Die Oliven in Scheiben schneiden und mit dem abgetropften Thunfisch zu den Nudeln geben. Das Dressing über den Salat kippen und alles gut vermischen. Den eigenen Salat mit Salz und Pfeffer würzen.

Reissalat im Eisbergblatt *

für 4 Portionen

Dieser Reissalat lässt sich gut mit den Händen essen und lädt ein, Kleinteile wie Erbsen, Maiskörner und Rosinen heraus zu picken. Die Kombination mit dem Eisbergsalat macht den Salat attraktiv für Erwachsene. Seit meine Tochter den Pinzettengriff gelernt hat, liebt sie es Erbsen und Rosinen aus dem Essen heraus zu suchen und zu essen.

250 g Basmatireis
25 g Butter
100 g Mais (Dose)
60 g Rosinen
100 g TK-Erbsen
1 Chicorée
3 Stängel Dill
6 Minzblätter
½ TL gemahlener Kreuzkümmel
4 EL Balsamicoessig

Die Butter mit dem Reis erhitzen, kurz anbraten und mit 250 ml Wasser ablöschen. Das Wasser sollte etwa ein Finger breit über dem Reis stehen. Den Reis gar kochen und abkühlen lassen. Mais, Erbsen und Rosinen in eine Schüssel füllen. Den Chicorée waschen, den Strunk entfernen, halbieren und die Blätter in Streifen schneiden. Die frischen Kräuter waschen, trocken schütteln und fein hacken. Den ausgekühlten Reis mit den Chicoréestreifen in die Schüssel zu den Rosinen, Mais und Erbsen geben. Die frischen Kräuter unter den Salat mischen. Zum Schluss Kreuzkümmel und Essig über den Salat geben, vermischen und 20 Minuten ziehen lassen. In der Zeit die Salatblätter säubern und trocknen. Die Reissalatmischung auf ein Salatblatt verteilen, einrollen und genießen. Wenn das Baby noch keine Zähne zum Kauen hat, bekommt es die Reismischung ohne Salatblatt.

Salatdressings

Salatdressings sind schnell zubereitet und passen zu allen rohen Gemüsesorten und Blattsalat. Einfach alle Zutaten miteinander vermischen und gleich über das Gemüse verteilt genießen.

Minz-Joghurt-Dressing *

200 g Naturjoghurt
3 Stängel fein gehackte Minze
1 Stängel fein gehackte Petersilie
Saft von ½ Zitrone

Ingwer-Zitronen-Dressing **

3 EL erwärmtes Kokosöl
3 EL Zitronensaft
2 TL gehackte Minzblätter
3 cm großes Stück Ingwer, mit einem Pürierstab zerkleinert

Balsamico-Dressing **

3 EL Balsamicoessig
3 EL erwärmtes Kokosöl
1 EL gehackte Basilikumblätter

Dips und Cremes zum Schlemmen

Dips können in jedem Alter angeboten werden, da Ihr Baby keine Zähne braucht, um sie zu essen. Sie haben eine interessante Konsistenz und es wird zu Beginn viel mit den Fingern und der Zunge experimentiert und ausprobiert. Entdeckt Ihr Kind erst einmal, den Dip mit einem Stück Brot oder etwas Rohkost aufzunehmen, hat es einen großen motorischen Schritt hin zum selbstständigen Essen mit Besteck gemacht. Die gelernte Bewegung, die es mit einem Stück Rohkost oder Brot macht, ist dieselbe, die es später benötigt, um mit Besteck umzugehen.

Minz-Joghurt-Creme *

Diese einfach hergestellte Creme passt besonders zu Brot, Salat oder gegrilltem Fleisch. Minze und Petersilie schmecken nicht nur erfrischend, sie haben auch einen hohen Eisengehalt.

200 ml Naturjoghurt
1 Knoblauchzehe

2 Stängel Minze
2 Stängel glatte Petersilie
Saft von ½ Zitrone
1 Prise Salz

Den Naturjoghurt in eine Schale geben. Knoblauch schälen und fein hacken. Die frischen Kräuter waschen, trocken schütteln und ebenfalls klein schneiden. Den Knoblauch, die frischen Kräuter und den Zitronensaft zum Joghurt geben und mit einem Mixstab pürieren. Vor dem Essen kühl stellen.

ꨄ

Thunfisch-Creme

Die Creme schmeckt sowohl auf dem Sandwich als auch zum Dippen mit Crostinies. Da Thunfisch aus der Dose auch Salz enthält, sollte Ihr Baby nicht all zu viel davon naschen.

1 Dose Thunfisch im eigenen Saft
100 g Frischkäse
2 EL frische TK-Gartenkräuter
1 Handvoll Rucola
1 gekochtes Ei
1 EL Kapern

Den Thunfisch, Frischkäse, Rucola, das gekochte Ei und die Gartenkräuter in eine Schüssel geben. Mit einem Mixer zu einer Masse mixen. Nach Bedarf Kapern unterheben und auf dem eigenen Brot mit Salz abschmecken.

ꨄ

Kräuter-Quark-Dip *

Der Kräuter-Dip passt hervorragend zu Grillfleisch, Rohkost, Kartoffelecken oder Brot. Durch den Fenchel erhält der Quark einen besonderen Geschmack. Fenchel enthält übrigens viel Vitamin C und Magnesium. Nachdem unsere Tochter gesehen hat, wie wir unsere Kartoffelecken in Kräuterquark gedippt haben, wollte sie es auch versuchen. Seitdem macht ihr das Eintunken von Gemüse und Brotsticks richtigen Spaß.

100 g Magerquark
Saft von ½ Zitrone
1 kleine Zwiebel
½ Fenchelknolle
1 TL gehacktes Basilikum
1 TL gehackte Petersilie
1 TL geschnittene Schnittlauchröllchen

Die Zwiebel schälen und fein hacken. Den Quark mit dem Zitronensaft vermischen und die Zwiebeln unterheben. Den Fenchel waschen, trocknen, sehr fein schneiden und unter die Quark-Zwiebel-Mischung geben. Alles kurz mit einem Pürierstab mixen. Die gehackten Kräuter drunter mischen und nach eigenem Bedarf mit Salz und Pfeffer abschmecken. Bis zum Servieren kalt stellen.

ꞩ

Tsatsiki *

Tsatsiki ist ein klassischer und idealer Dip zu Kartoffelecken, Rohkost und Fleisch.

2 kleine Becher Naturjoghurt
3 Knoblauchzehen
1 Bund Dill
1 Salatgurke

Die Gurke und den Knoblauch schälen. Die Gurke fein raspeln und den Knoblauch fein hacken. Die Dillstängel waschen, trocknen und klein schneiden. Alle Zutaten mit dem Joghurt vermischen. Nach Bedarf für die Erwachsenen mit Salz und Pfeffer abschmecken.

ꞩ

Guacamole *

Die Guacamole eignet sich als Brotaufstrich zum Frühstück oder zum Abendbrot. Avocados enthalten viele gesunde Fette, unter anderem auch Omega-3-Fettsäuren.

2 Avocados
Saft von 1 Limette
1 kleine Zwiebel
1 Knoblauchzehe
2 EL Frischkäse

Das Fruchtfleisch einer reifen Avocado mit einem Löffel herausnehmen. Den Saft der Limette darüber gießen. Die Zwiebel und den Knoblauch fein würfeln. Alle Zutaten gut vermischen. Da die Avocado schnell eine bräunliche Farbe erhält, sollte sie zügig gegessen werden.

ꞩ

Humus **

Humus schmeckt den meisten Babys als Brotaufstrich, als Beilage zu Kartoffelecken oder mit Rohkost. Da Kichererbsen in der Dose oder aus dem Glas einen Natriumgehalt von 0,14 mg/100 mg haben, sollte Ihr Kind keine weiteren salzreichen Speisen am Tag erhalten.

1 Dose Kichererbsen
100 mg Sesampaste (Tahin)
1 Knoblauchzehe
2 EL Rapsöl
3 TL Zitronensaft
½ TL Kumin (Kreuzkümmel)
1 Prise Paprika

Die Kichererbsen abgießen, abspülen und in eine Schale geben. Die Knoblauchzehe schälen und klein hacken. Die Sesampaste, Knoblauchzehe und 100 ml Wasser in die Schale geben und mit dem Pürierstab zerkleinern. Das Rapsöl dazugeben. Das Kichererbsenpüree mit Zitronensaft, Paprika und Kumin abschmecken. Nach Bedarf den eigenen Humus mit Salz würzen.

Kuchen, Nachtisch und Dessert

Zuckerhaltige Speisen wie Eis, Kuchen oder andere Nachtische gehören im ersten Lebensjahr nicht auf den Speiseplan Ihres Babys. Trotz allem gibt es Situationen, wie Geburtstage oder Feiertage, da gehören Nachspeisen und kleine, süße Leckereien zu einem gelungenem Essen. Es gibt viele Möglichkeiten durch minimale Veränderungen leckere und gesunde Nachspeisen zu kreieren, ohne raffinierten Zucker oder Honig zu benutzen. Da Obst und einige Gemüsesorten bereits einen hohen Anteil an Fruchtzucker mitbringen, lässt sich damit gut arbeiten und für die ganze Familie leckere Nachspeisen herstellen.

Möhren-Muffins *

für 15 Stück

Die Süße erhält der Muffin durch die Möhren und die Rosinen. Er lässt sich gut einfrieren und unterwegs als Snack verzehren.

50 g ungesalzene Butter
2 Eier

2 süße geraspelte Möhren
3 EL Kokosflocken
Schale von 2 unbehandelte Orangen oder Zitronen
4 EL Milch
100 ml Mineralwasser
250 g Mehl (Vollkorn oder Dinkel)
2 TL Backpulver
5 EL Rosinen

Den Backofen auf 180 °C vorheizen. Die Muffinformen vorbereiten. Die Butter in einem Topf schmelzen lassen. Die geraspelten Möhren, Kokosflocken und Orangenschalen mit den Eiern in eine neue Schüssel geben, die geschmolzene Butter hinzufügen und alles mit einem Handrührgerät mischen. Das Mehl und das Backpulver in einer Schüssel vermischen. Die Karottenmasse mit der Mehlmischung, Milch und Mineralwasser zu einem Teig vermengen. Die Rosinen unter den Teig heben und in Muffinformen füllen. Die Muffins 10 bis 15 Minuten goldbraun backen.

ೞ

Bananen-Kokos-Muffin *

für 15 Stück

Dieses zuckerfreie und dennoch süße Vergnügen lässt sich hervorragend aus Bananen zubereiten, die bereits zu reif zum Essen sind.

2 Eier
70 g Kokosraspel
240 g Mehl
2 TL Backpulver
2 EL ungesalzene Butter
2 reife Bananen
50 ml Mineralwasser
1 Apfel

Den Backofen auf 180 °C vorheizen. Die Muffinformen vorbereiten. Kokosraspel und Eier in einer Rührschüssel gut mixen. Das Mehl und das Backpulver über die Eimasse sieben. Die Butter in einem Topf schmelzen lassen. Die geschälten Bananen mit einer Gabel zerdrücken. Bananen, Butter und Mineralwasser zum Teig geben und mit einem Handrührgerät einige Minuten vermischen. Die Bananenmasse in die Mehlmischung geben und mit dem Handrührgerät zu einem glatten Teig rühren. Einen Apfel schälen, in kleine Würfel schneiden und unter den Teig heben. Den Teig in die Muffinformen füllen und 25 bis 30 Minuten goldbraun backen.

ೞ

Bananen-Brot *

für 10 Stück

Dieses süße Brot lässt sich in Scheiben geschnitten einfrieren und nach Bedarf im Toaster auftauen. Unterwegs oder zum Nachmittagskaffee ist es eine schmack- und nahrhafte Alternative zum Kuchen.

50 g Butter
100 g Rosinen
5 reife Bananen
4 Eier
100 g Kokosraspeln
5 EL Dinkelmehl
2 TL Weinstein-Backpulver
1 Vanilleschote
2 TL Zimt

Den Backofen auf 180 °C vorheizen. Die Butter, Rosinen und geschälten Bananen in eine Schale geben und mit einem Pürierstab zu einer Masse mixen. Die Eier und Kokosraspeln dazugeben. Die Masse mit einem Handrührgerät für 5 Minuten rühren. Währenddessen das Mehl mit dem Backpulver löffelweise zur Teigmasse geben. Am Ende den Kern einer Vanilleschote herausnehmen und mit Zimt unter den Teig mischen. Den Teig nochmals gut mit einem Handrührgerät kneten und in eine gefettete Kastenform füllen. Das Brot für 45 Minuten goldbraun backen. Mit einem Zahnstocher testen, ob das Brot durchgebacken ist. Das Brot etwas auskühlen lassen, bevor es aus der Form gestürzt wird.

ൾ

Käse-Kuchen *

für 8 Stück

Dieser ideale Geburtstagskuchen ist schnell zubereitet und schmeckt durch die Rosinen herrlich süß. Der Kuchen wird in einer runden Backform mit einem Durchmesser von 26 cm gebacken.

250 g Mehl
120 g Butter
2 Eigelb
7 Eier
1 kg Quark
250 g Rosinen
40 g Kartoffelmehl
1 Vanilleschote

Den Backofen auf 180 °C vorheizen.

Für den Kuchenboden: Eigelb, Butter und Mehl mit einem Knethaken vermischen. Den Teig auf einem gefetteten Backformboden verteilen. Bei 180 °C für 5 Minuten goldbraun backen und kühl stellen.

Für den Kuchenbelag: Das Eigelb vom Eiweiß trennen. Das Eigelb mit einem Handrührgerät cremig schlagen. Den Quark dazugeben und für weitere 2 Minuten rühren. Den Kern der Vanilleschote heraus nehmen und mit den Rosinen unter den Teig mischen. Das Kartoffelmehl mit einem Sieb einrieseln lassen und mit einem Löffel vermengen. Das Eiweiß steif schlagen und unter den Teig heben. Den Kuchen etwa 1 Stunde im Backofen goldbraun backen.

ᔕ

Weintraubenauflauf *

für 6 Portionen

Dieser süße Auflauf bereichert den Familientisch mit einer ungewöhnlichen Zubereitungsform für Weintrauben. Ihr Breifrei-Anfänger wird mit viel Spaß die Trauben und Rosinen aus dem Auflauf picken.

500 g helle Weintrauben
60 g Butter
4 Eier
2 EL Rosinen
100 g Mehl
250 ml Milch
20 g Butterflocken
4 kleine Auflaufformen

Die Auflaufformen mit Butter einfetten. Den Backofen auf 175 °C vorheizen. Die Butter in einem Topf schmelzen lassen. Die Eier, Rosinen und das Mehl in eine Schüssel geben. Die Milch und die zerlassene Butter dazugeben und mit einem Handrührgerät zu einem glatten Teig schlagen. Die Trauben waschen, trocknen und in den Auflaufformen verteilen. Den Teig über die Trauben kippen und Butterflocken über den Teig verteilen. Auf der mittleren Einschubleiste 25 Minuten backen. Aus dem Ofen nehmen, nach Bedarf mit Puderzucker bestreuen und warm servieren.

ᔕ

Kirschklößchen *

für 10 Stück

Das ist ein altes Familienrezept, das wir gern als Kinder gegessen haben. Die Kirschklößchen lassen sich auch mit anderen süßen Obstsorten, wie Aprikosen und Pflaumen, zubereiten. Der Fantasie sind da keine Grenzen gesetzt.

300 g Mehl
1 Ei
1 gekochte Kartoffel
10 Kirschen
Zimt

Für die Sauce:
200 ml Sahne
50 g Zucker

Die Kartoffel in einer Küchenreibe reiben. Mit Mehl und einem Ei vermischen und alles zu einem Teig kneten. Etwas Mehl dazugeben, wenn der Teig zu flüssig ist. Den Teig ausrollen und mit einem Glas oder einer Plätzchenausstechform Kreise ausstechen. Einen großen Topf mit Wasser zum Kochen bringen. Nach Bedarf leicht salzen. In der Zeit die Kirschen waschen, trocknen und entkernen. Den Teig mit einem Löffel in die Handfläche füllen und eine Kirsche mit Teig umschließen. Den Rand mit etwas

Wasser befeuchten und gut zusammen drücken. Die Kirschklößchen vorsichtig in das kochende Wasser hineingleiten lassen. Die Klößchen sind fertig, wenn sie an der Oberfläche schwimmen. Diese dann mit einer Schöpfkelle herausnehmen. Die Sahne mit dem Zucker in einer Pfanne erhitzen und nach Bedarf über die Klößchen geben.

Zitronen-Mandel-Kuchen **

für 8 Stücke

Dieser vegane, köstliche Kuchen schmeckt erfrischend, ist schnell zubereitet und reich an Ballaststoffen.

1 Becher Natur-Sojajoghurt
120 g Agar-Agar (Chinesische Gelatine)
300 g gemahlene Mandeln
60 g Datteln
20 g Agavendicksaft
1 Zitrone

Die Datteln mit einem Pürierstab zu einem Brei zerkleinern. Die gemahlenen Mandeln und den Agavendicksaft zum Dattelmus hinzufügen, kurz mit der Hand kneten und auf einem Springformboden verteilen. Danach den Tortenring um den Boden legen. Den Saft einer Zitrone, den Sojajoghurt und den Agar-Agar mit einem Handrührgerät vermischen. Die Zitronencreme in die Springform geben und alles für 3 Stunden in den Kühlschrank stellen. Den festgewordenen Kuchen mit einem Messer aus der Springform lösen und kalt genießen.

Feigenauflauf *

für 6 Personen

Dieser eisen- und kalziumreiche Auflauf ist einfach zubereitet und bringt exotischen Geschmack in den Speiseplan der ganzen Familie. Die Kombination von Feigen, Brot und Vanille ist so ungewöhnlich wie schmackhaft.

8 frische Feigen
18 Scheiben Baguettebrot
600 ml Milch
60 g Rohrzucker
4 Eigelb
1 Vanilleschote
1 EL Butter

Eine Auflaufform mit Butter einfetten und den Backofen auf 200 °C vorheizen. Die Baguettescheiben in der Auflaufform verteilen. Die Feigen waschen und in Scheiben schneiden. Die Milch mit dem Zucker und Eigelb verrühren. Den Inhalt der Vanilleschote dazugeben und unterrühren. Die Milch-Ei-Mischung über das Brot gießen und die Feigenscheiben darüber verteilen. Auf der mittleren Einschubleiste den Auflauf 25 Minuten backen bis er goldbraun wird.

Tipp: *Nach Bedarf mit Vanillesauce warm servieren.*

ᔓ

Obstsalat mit Quark *

für 6 Portionen

Das ist ein Klassiker unter den Nachspeisen, der sich um jedes Obst erweitern lässt. Damit macht er sich zum idealen Verwerter von übrig gebliebenem Obst. Auch ohne Quark immer sehr begehrt.

250 g frisches Obst nach Vorlieben (zum Beispiel Erdbeeren, Heidelbeeren, Himbeeren, Brombeeren, Trauben, Äpfel, Birnen)
250 g Quark
1 Zitronenschale

Das Obst waschen, trocknen und in mundgerechte Stücke schneiden. Den Quark mit der abgeriebenen Zitronenschale vermischen. Das Obst drunter heben und servieren. Nach Bedarf den eigenen Quark mit Zucker abschmecken.

ᔓ

Apfel-Zimt-Wedges *

für 4 Portionen

Dieser unkomplizierte, fruchtige Nachtisch ist bei Babys beliebt, da sie Apfelstücke gut greifen und aufgrund der weichen Konsistenz auch problemlos ohne Zähne essen können.

3 Äpfel
50 g Butter
1 Prise Zimt

Die Äpfel schälen und in Spalten teilen. Die Butter in der Pfanne erhitzen, die Äpfel in der Butter wenden und leicht anbraten bis sie weich sind. Etwas Zimt über die Apfel-Wedges geben. Dazu passt warme Vanillesauce.

ᔓ

Kokos-Nuss-Pralinen **

für 15 Stück

Das ist eine gesunde Nascherei, die gut schmeckt und voller essentieller Aminosäuren, Omega-3-Fettsäuren und Eisen steckt. Brombeeren beispielsweise kräftigen das Immunsystem und wirken entzündungshemmend auf die Schleimhäute. Die gesunden Pralinen eignen sich besonders für unterwegs.

100 g geschälte Walnüsse
50 g Macadamia-Nüsse
3 EL Rosinen
50 g gepoppter Amarant
2 EL Kokosöl
70 g Beeren (Erdbeeren, Brombeeren, Himbeeren)
2 EL Kokosraspeln

Die Nüsse und die Rosinen in einem Mixer zu einer feinen Masse verarbeiten. Kokosöl leicht erwärmen und zur Masse geben. Die Beeren klein schneiden und mit dem Amarant unter das Nussmus mischen. Mit einem Esslöffel kleine Kugelportionen formen und diese in etwas Kokosraspeln rollen. Die fertigen Nusspralinen für 15 Minuten im Kühlschrank fest werden lassen.

ᔓ

Natürliches Fruchteis **

für 3 Eis

Gefrorene Früchte sind eine schmackhafte Alternative zu zuckerhaltiger Eiscreme. Sie lassen sich in verschiedenen Kombinationen zu Eis verarbeiten und sind ein beliebter Nachtisch.

1 Mango
½ Ananas
Saft von 3 gepressten Orangen

Die Mango und Ananas schälen und in kleine Stücke schneiden. Das vorbereitete Obst mit dem Orangensaft in eine Schale geben, mit einem Mixstab pürieren und in ein Eisförmchen mit Stiel geben. Im Kühlfach für mindestens 4 Stunden gefrieren lassen. Aus dem Kühlfach geholt, sollte das Eis vor dem Verzehr einige Minuten in Raumtemperatur verbleiben, da es ansonsten zu kalt ist und an Zunge und Mund festkleben könnte.

ᔓ

Schokopudding *

für 2 Portionen

Der Schokopudding ist für Essanfänger in fester Form besser zu essen als warm und flüssig. Er schmeckt schokoladig, ohne dabei zu süß zu sein.

2 EL Haferkleie
250 ml Milch
2 EL Kakaopulver (entölt, zuckerfrei)
1 Prise Zimt
2 EL Traubenzucker

Die Haferkleie und die Milch in einen Topf geben. Aufkochen und unter starkem Rühren Kakaopulver, Traubenzucker und Zimt dazugeben. Wenn die Masse fest geworden ist, in Schälchen füllen. Entweder sofort warm genießen oder im Kühlschrank für 30 Minuten fest werden lassen.

ᔓ

Kalte Bananen-Creme **

für 2 Portionen

Bananeneis ist ganz leicht gemacht. Ohne jegliche Zusätze schmeckt die Bananencreme himmlisch süß und lecker.

2 reife Bananen

Die Banane schälen, in dünne Scheiben schneiden und in eine Gefriertüte füllen. Die Bananenscheiben für 2 Stunden im Gefrierfach kühlen. Die gefrorenen Bananenscheiben in einen hohen Behälter geben und mit einem Mixstab pürieren. Das Bananeneis in kleine Schälchen füllen und direkt verspeisen.

Gebackene Banane *

für 3 Portionen

3 Bananen
1 Prise Zimt
1 Prise Kakaopulver (entölt, zuckerfrei)
3 EL Kokosraspeln
60 ml Orangensaft
50 g Butter
3 EL geriebene Walnüsse

Die Bananen schälen, in Scheiben schneiden und in eine gefettete Auflaufform legen. Mit Orangensaft begießen. Kakaopulver, Zimt und Kokosraspeln mischen und über die Bananen streuen. Butterflocken über die Bananen verteilen und bei 180 °C 15 Minuten goldbraun backen. Dazu passt Vanilleeis oder Honig für die Erwachsenen.

Literatur

Brigitte-Kochressort: *Fisch & Meeresfrüchte.*
Gräfe und Unzer, 2008

Dusy, Tanja: *1 Nudel – noch mehr Saucen. Von Italien bis Asien.*
Gräfe und Unzer, 2004

Franco, Silvana: *Tapas. Die kleine spanische Spezialität.*
Tosa Verlag, 2003

Frissifrass, Felix: *Kinder-Kochbuch für kleine Feinschmecker.*
Tandem Verlag GmbH, 2003

Gonzales, Carlos: *Mein Kind will nicht essen. Ein Löffelchen für Mama.*
La Leche Liga, 2008

Hildmann, Attila: *Vegan for Youth. Die 60 Tage Triät.*
Becker Joest Volk Verlag, 2013

Ibe-Meinhardt, Henryk: *Lust auf Landhausküche. Ofengerichte.*
Lingen Verlag, 2012

Kittler, Martina: *Das große Familienkochbuch.*
Gräfe und Unzer, 2011

Klug, Susanne: *Die neue Babyernährung. Breie und Fingerfood für die Kleinsten.* Gräfe und Unzer, 2013

Mierau, Susanne: *Breifrei durch die Babyzeit. Gemeinsam Essen entdecken. Stück für Stück. Wie Beikost auch ohne Gläschen funktioniert.*
(EBook) 2014

Rapley, Gill/Murkett, Tracy: *Baby-Led Weaning. Das Grundlagenbuch.* Kösel, 2013

Rapley, Gill/Murkett, Tracy: *Baby-Led Weaning. Cookbook. 130 Recipes That will Help your Baby learn to Eat Solid Foods- and That the Whole Family Will Enjoy.* The Experiment, 2011

Renz-Polster, Herbert: *Kinder verstehen. Born to be wild: Wie die Evolution unsere Kinder prägt.* Kösel, 2010

Stern, Loretta/Nagy, Eva: *Einmal breifrei, bitte! Die etwas andere Beikost.* Kösel, 2013

Reese, Imke/Schäfer, Christiane: *Allergien vorbeugen. Allergieprävention heute: Toleranzentwicklung fördern statt Allergene vermeiden!* Systemed Verlag, 2009

Wischnewski, Jan: *Lust auf Landhausküche. Reis & Nudeln.* Lingen Verlag, 2012

Zeitschrift: *Lust auf Genuss*, 2/2010

ISBN: 978-3-940596-28-4
316 Seiten, 19,90 EUR [D]

Das Attachment Parenting Buch

Babys pflegen und verstehen

von: William und Martha Sears

William und Martha Sears prägten den Begriff des »Attachment Parenting«. In diesem Buch geben sie praxisorientierte und inspirierende Informationen, Ratschläge und Tipps für eine enge Eltern-Kind-Beziehung – die Grundlage glücklicher Familien.

http://www.tologo.de/das-attachment-parenting-buch/

ISBN: 978-3-940596-09-3
448 Seiten, 19,90 EUR [D]

Auf den Spuren des Glücks

Das Kontinuum-Konzept im westlichen Alltag

von: Carola Eder

Stillen, Tragen, Familienbett. Gefahren, Lernen und Respekt. Diese Aspekte und mehr im Zusammenleben mit Kindern werden sowohl theoretisch als auch praktisch beleuchtet. Dieses Buch ermutigt Sie, Ihrer Intuition im Umgang mit Ihren Kindern zu folgen. Undogmatisch, liebevoll und einfühlsam.

http://www.tologo.de/auf-den-spuren-des-gluecks/

ISBN: 978-3-9813658-1-8
188 Seiten, 16,90 EUR [D]

TopfFit!

Der natürliche Weg mit oder ohne Windeln

von: Laurie Boucke

Babys ohne Windeln? Das geht, sagt Laurie Boucke und verweist auf die vielen Völker der Erde, bei denen dies selbstverständlich ist. Mit der »TopfFit-Methode« hat sie eine Möglichkeit entwickelt, dies auch in unserer Welt zu verwirklichen.

http://www.tologo.de/topffit/

www.tologo.de

ISBN: 978-3-937797-25-0
318 Seiten, 19,90 EUR [D]

Abenteuer Leben!

Gegenwärtigkeit und Liebe im Familienalltag

von: Solveig C. Thorwart

Kinder fordern uns zur Klarheit heraus. Das Vorbild, das wir unseren Kindern geben, die Atmosphäre, die wir schaffen, die innere Haltung, mit der wir leben, de Kommunikationsformen, derer wir uns selbst bedienen – all das prägt die Persönlichkeit unserer Kinder. Thema des Buches ist die Entwicklung einer achtsamen und im Familienalltag sinnvollen spirituellen Praxis - für ein harmonisches, lebendiges und verbundenes Familienleben.

http://www.tologo.de/abenteuer-leben/

ISBN: 978-3-940596-22-2
100 Seiten, 14,90 EUR [D]

Wir wollen stillen

Ein Weg zu einer glücklichen Stillbeziehung

von: Laura Tavella

Laura Tavella bietet praktische und motivierende Tipps zum Stillen. Sie ist selbst Mutter und reicht ihre eigenen Erfahrungen in liebevoller Weise an werdende Mütter, Väter und die ganze Familie weiter. Jungen Mütter lernen, in sich selbst hineinzuhören und ihrer Intuition zu vertrauen.

http://www.tologo.de/wir-wollen-stillen/

ISBN: 978-3-940596-91-8
192 Seiten, 14,90 EUR [D]

Windelfrei? So geht's!

Natürliche Säuglingspflege - Begleiten der frühkindlichen Entwicklung durch Kommunikation und Körperkontakt

von: Lini Lindmayer

2., überarbeitete Auflage – Dass ein zwei- bis dreijähriges Kind langsam, aber sicher ohne Windel auskommt, überrascht niemanden. Anzunehmen, dass auch ein neugeborenes Baby auf Windeln verzichten kann, erscheint dagegen völlig unrealistisch.

http://www.tologo.de/windelfrei/

www.tologo.de

ISBN: 978-3-9810444-2-3
212 Seiten, 9,90 EUR [D]

Zeit für Kinder

Theorie und Praxis von Kinderfeindlichkeit, Kinderfreundlichkeit, Kinderschutz

von: Ekkehard von Braunmühl

Ein eindringliches, einfühlsames Plädoyer für das Recht des Kindes auf Freiheit, Achtung und Würde. Mit Hintergründen zur Erziehungsideologie. Für alle, die beruflich und privat mit Kindern zu tun haben.

http://www.tologo.de/zeit-fuer-kinder/

ISBN: 978-3-940596-13-0
136 Seiten, 12,90 EUR [D]

Die Freie Familie

... oder die Freiheit über Leben und Lernen selbst zu bestimmen

von: Dayna Martin

Unschooling, das freie Lernen zu Hause, basiert auf Vertrauen in die Kinder und ihre eigene Wahl des »Lernstoffes«. Radical Unschooling geht einen Schritt weiter: hier wird dieses Vertrauen auf die gesamte Eltern-Kind-Beziehung sowie auf andere Lebensbereiche ausgedehnt.

http://www.tologo.de/die-freie-familie/

ISBN: 978-3-9810444-0-9
217 Seiten, 14,90 EUR [D]

Die Sudbury Valley School

Eine neue Sicht auf das Lernen

von: The Sudbury Valley School Press

Die Sudbury Valley School stellt seit 1968 bisher gewohnte Ansichten zum Lernen grundsätzlich in Frage. Aber wie funktioniert die Sudbury Valley School?

Mitarbeiter, Schüler und Eltern haben aussagekräftige Texte geschrieben, die ein Verständnis für dieses andere Schulkonzept geben.

http://www.tologo.de/die-sudbury-valley-school/

www.tologo.de